AF229193

DE LA RESPONSABILITÉ

DE L'EX-EMPEREUR

ET

DE SES MINISTRES

DE LA

RESPONSABILITÉ

DE L'EX-EMPEREUR

ET DE

SES MINISTRES

PAR

LOUIS AMIABLE

DOCTEUR EN DROIT

PARIS

ERNEST THORIN, ÉDITEUR

7, RUE DE MÉDICIS, 7

1871

—

féras expier à ces hommes leurs crimes,
O peuple généreux, ô peuple frémissant,
Sans glaive, sans verser une goutte de sang,
Par la loi : sans pardon, sans fureur, sans tempête.

(VICTOR HUGO, *les Châtiments*, liv. VII, x.)

Il y a un compte à régler entre la France et le triste gouvernement tombé le 4 septembre 1870. Jamais, assurément, une nation n'a eu de plus sérieux griefs contre les hommes qui s'étaient arrogé la conduite de ses destinées. Pendant dix-huit ans la nation française a subi un régime qui, après s'être établi par le crime, s'est maintenu par la compression, le mensonge et la corruption. Le couronnement de l'œuvre a été une guerre criminelle et insensée, une guerre entreprise injustement, faite avec des moyens militaires insuffisants, mal combinée et déplorablement conduite. Cette guerre, qui a jeté le pays dans un abîme de maux, a entraîné la chute de l'autocrate qui l'avait voulue ; et les ministres qui ont donné leur concours tant pour l'entreprendre que pour la continuer sont tombés, les uns avant leur maître, les autres avec lui. Doivent-ils, maître et serviteurs, en être quittes à ce prix, et ne sont-ils désormais justiciables que de l'histoire ?

Au point de vue de la morale, il est certain qu'une lourde responsabilité pèse, non-seulement sur l'ex-empereur et ses ministres, mais encore sur la majorité du Corps législatif et sur le Sénat de l'empire, pour avoir donné une approbation dont le refus aurait empêché que la guerre ne fût faite. Ces approbateurs serviles seront désormais, il faut l'espérer, flétris par l'opinion publique comme ils le méritent; mais ils échappent à tout autre châtiment. Leur conduite ne tombe sous le coup d'aucune incrimination de la loi pénale ordinaire, et les règles du droit constitutionnel ne leur font encourir aucune responsabilité en dehors de la responsabilité purement morale qui vient d'être signalée. Il est de principe, en effet, que les membres des assemblées parlementaires, dans l'accomplissement de leur mission, ne relèvent que de leur conscience. Quand ils sont investis d'un mandat électif et temporaire, comme l'étaient les députés de la majorité impérialiste, le seul droit qu'aient les électeurs à leur égard est celui de ne pas les reélire.

Loin d'être couverts par une immunité pareille, l'ex-empereur et ses ministres sont, au contraire, formellement déclarés responsables par la dernière Constitution impériale, celle que l'on a fait consacrer par le plébiscite du 8 mai 1870. En effet, l'article 13 de cette Constitution porte : « L'empereur est responsable devant le peuple « français, auquel il a toujours le droit de faire appel. » Et l'article 19 dit, en parlant des ministres : « Ils sont responsables. » Il importe de rechercher quelles sont au juste la nature et la portée de cette double responsabilité que les rédacteurs de l'acte constitutionnel ont eu soin de ne pas définir et dont ils ont évité de déterminer la sanction. Cette recherche doit être une étude essentiellement juridique, faite sans préoccupation d'arriver à une solution préconçue. Un peuple libre doit faire œuvre de justice, mais la vengeance est indigne de lui.

L'article 13 de la Constitution impériale de 1870, reproduction de l'article 5 de la Constitution soi-disant républicaine de 1852, est le premier texte d'une Constitution monarchique qui ait déclaré responsable le chef de l'Etat. Pour se rendre un compte exact de cette nouveauté, il convient d'établir d'abord ce qu'est précisément la responsabilité ministérielle, qui est plus ancienne et mieux connue. Cette détermination préalable doit être faite au moyen des données du droit constitutionnel, vérifiées par l'examen des différentes Constitutions qui ont précédé dans notre pays celles du second empire bonapartiste. Après avoir reconnu en quoi consiste la responsabilité à laquelle les deux Constitutions du second empire ont assujetti les ministres et le monarque même, on verra que sa portée ne se restreint pas au cas unique de la guerre qui a amené la chute de cette monarchie, mais qu'elle permet de soumettre à un jugement solennel les autres agissements gouvernementaux des hommes qui ont maîtrisé la France depuis 1852; et la recherche de sa mise en action conduira à déterminer par quelle autorité un tel jugement devra être rendu, par qui et comment il devra ou pourra être provoqué, enfin quelle pénalité sera applicable en cas de condamnation. Ce n'est pas tout. Indépendamment de la responsabilité constitutionnelle pénale, il y a lieu d'examiner si et dans quelle mesure l'ex-empereur et ses ministres peuvent avoir encouru les responsabilités de droit commun, c'est-à-dire la responsabilité civile qui se traduit en condamnations pécuniaires pour la réparation du dommage causé, et la responsabilité pénale pour crimes et délits prévus par les lois.

CHAPITRE PREMIER

DES DIFFÉRENTES SORTES DE RESPONSABILITÉ
CONSTITUTIONNELLE DES MINISTRES

L'expression de responsabilité des ministres est susceptible de trois sens différents, parce qu'elle a servi à désigner trois sortes distinctes de responsabilité (1).

On l'emploie pour indiquer l'état de dépendance des ministres par rapport au Parlement, lorsque, investis d'un pouvoir propre qu'ils tiennent à la fois de leur nomination par le monarque et de la confiance de la Chambre unique ou des deux Chambres, ils forment un cabinet dont les membres sont solidaires. C'est ce que

(1) M. Duvergier de Hauranne semble n'en admettre que deux dans le passage suivant de son excellente *Histoire du gouvernement parlementaire* (t. I, p. 95) : «Dans ce passage de son discours, « Mirabeau touchait, avec une rare perspicacité, à une des questions les plus délicates du gouvernement représentatif, à la « distinction profondément vraie, bien que souvent méconnue, « entre les deux sortes de responsabilité; et cette question, il en « trouvait du premier coup la solution. » Mais on va voir, après une première distinction établie entre la responsabilité *poli-*

Rossi appelle la responsabilité « purement politique, »
la responsabilité « morale et politique » (1). Cette sorte
de responsabilité a été très exactement caractérisée, en
même temps qu'elle était écartée, par l'auteur de la
Constitution de 1852 lorsqu'il a écrit, dans sa proclamation au peuple français qui est en quelque sorte la préface de cette Constitution, que les ministres seraient les
« auxiliaires honorés et puissants » de la pensée du chef
élu par de si nombreux suffrages, mais qu'ils ne forme-
raient plus « un conseil responsable, composé de mem-
« bres solidaires, obstacle journalier à l'impulsion parti-
« culière du chef de l'Etat, expression d'une politique
« émanée des chambres. » C'est elle dont il a été si fort
question dans les controverses politiques de ces dernières
années et dont le retour a été consacré par le sénatus-
consulte du 8 septembre 1869, puis par la Constitution
plébiscitaire de 1870 en ces termes : « Les ministres dé-
« libèrent en conseil sous la présidence de l'empereur. »
— Cette sorte de responsabilité, qui forme l'essence
même du régime parlementaire, semble n'être ainsi ap-
pelée que par une impropriété de langage. En style de
constitution, la chose est exprimée différemment et
l'expression sert à désigner une chose tout autre,
comme le texte de la Constitution de 1852 en fournit

tique et la responsabilité *pénale*, qu'il y a deux types de responsabilité pénale qui ne doivent pas être confondus. Seulement
il est vrai de dire que le régime parlementaire implique deux
responsabilités ministérielles : la responsabilité politique et l'un
des types de responsabilité pénale.

(1) *Cours de droit constitutionnel*, t. IV, p. 381.

lui-même la preuve par son article 13 où on lit ce qui suit : « Les ministres ne dépendent que du chef de « l'Etat ; ils ne sont responsables que chacun en ce qui « le concerne des actes du gouvernement; il n'y a point « de solidarité entre eux. Ils ne peuvent être mis en « accusation que par le Sénat. » Ainsi donc les ministres du régime impérial étaient responsables de par la Constitution, dès avant les changements qui ont en dernier lieu modifié l'organisation de ce régime. Ainsi encore la responsabilité ministérielle n'est pas seulement celle qui a pour sanction la perte du pouvoir à la suite d'un vote défavorable sur une question de cabinet : c'est aussi et surtout une responsabilité pénale, qui implique une mise en accusation et, par conséquent, un jugement et la possibilité d'une condamnation.

Quelle est au juste cette responsabilité pénale ? Il est clair, d'abord, qu'elle ne saurait s'entendre de celle que les hommes revêtus du titre de ministre encourent lorsqu'ils commettent des crimes ou des délits ordinaires, tels que le meurtre, le vol ou le rapt. Une telle responsabilité n'a pas besoin d'être inscrite dans les chartes et les Constitutions ; elle est de droit commun ; et, en ce qui le concerne, les ministres ne se distinguent point des autres citoyens. Il ne peut s'agir évidemment que d'une responsabilité attachée à leurs actes comme ministres. Mais on conçoit qu'elle puisse être différemment entendue selon que les ministres, simples exécuteurs des volontés d'un monarque, d'une Assemblée ou d'un comité élu par une Assemblée, ne peuvent faillir qu'en commettant des *délits de responsabilité d'office*, pour parler comme l'article 101 du sénatus-consulte organique du 28 floréal an XII, ou bien selon que, investis du pouvoir gouvernemental, ils sont appelés à rendre compte de l'usage qu'ils en ont fait. Dans le premier cas, la responsabilité s'applique à des actes illégaux, punissables par cela seul qu'ils sont des violations de la loi ; dans le second, elle s'applique à des actes légaux, mais punissables parce qu'ils ont été fautifs et qu'ils ont des conséquences fâcheuses pour la nation. Voilà pourquoi la responsabilité ministérielle a été entendue différemment dans les Constitutions et les Chartes qui se sont succédé en France depuis 1789, ces actes constitutionnels ayant organisé tour à tour l'un ou l'autre des deux systèmes politiques qui viennent d'être signalés. Cette distinction a presque toujours échappé à ceux qui ont disserté sur la responsabilité ministérielle. Elle n'a pas été faite, notamment, par Benjamin Constant, par J.-P. Pagès et par Rossi qui se sont placés au point de vue exclusif du régime constitutionnel existant à l'époque où ils écrivaient. Il est indispensable de la bien mettre en lumière pour déterminer sûrement laquelle des deux responsabilités ministérielles pénales se trouve consacrée par les deux Constitutions du second empire.

La Constitution du 14 septembre 1791, la première Constitution écrite que nous ayons eue en France et œuvre d'une Assemblée incomparable, déterminait en ces termes la responsabilité ministérielle (1) :

(1) Titre III, chap. II, section iv, article 5.

« Les ministres sont responsables de tous les délits
« par eux commis contre la sûreté nationale et la Constitution ;

« De tout attentat à la propriété et à la liberté indivi-
« duelle ;

« De toute dissipation des deniers destinés aux dé-
« penses de leur département. »

Les ministres ainsi déclarés responsables étaient en
réalité les dépositaires du pouvoir exécutif, puisqu'aucune décision royale n'était valable sans le contre-seing
ministériel. Mais aussi le pouvoir qui leur était confié
n'était vraiment, par rapport à celui réservé à l'Assemblée, qu'un pouvoir d'exécution. A la différence de ce
qui était et de ce qui est encore admis par la Constitution anglaise, l'Assemblée des représentants du peuple
avait véritablement le rôle gouvernemental : non-seulement elle contrôlait tous les actes de l'Exécutif, non-
seulement elle faisait seule les lois et décidait toutes
les grandes mesures de la politique intérieure, mais
encore elle avait la direction de la politique extérieure,
puisque la guerre ne pouvait être décidée que par elle
et que tous les traités, ceux de paix ou d'alliance
comme ceux de commerce, étaient subordonnés à sa
ratification. C'est pourquoi la responsabilité ministérielle était restreinte aux actes ayant un caractère vraiment délictueux. Le droit de mettre en accusation les
ministres pour fait de leur administration était réservé
à l'Assemblée nationale. L'accusation devait être portée
devant une haute cour nationale, composée de membres du tribunal de cassation et de hauts jurés. Les

peines que cette haute cour pouvait prononcer n'étaient, d'ailleurs, pas déterminées par la Constitution.

La Constitution républicaine du 4 novembre 1848 ne put que donner le même caractère à la responsabilité ministérielle, puisque, tout en faisant à l'Exécutif une part un peu plus large qu'on ne la lui avait faite en 1791, elle déclarait qu'aucun traité n'était définitif qu'après avoir été approuvé par l'Assemblée (art. 53) et qu'aucune guerre ne pouvait être entreprise sans le consentement de l'Assemblée (art. 54).. A peine est-il besoin de faire remarquer que les ministres étaient investis d'un pouvoir distinct de celui du président de la République par la disposition de l'article 67, qui exigeait le contre-seing ministériel pour tous les actes du chef de l'Exécutif autres que ceux nommant ou révoquant les ministres. Dans le premier alinéa de son article 68, cette Constitution proclamait simultanément la responsabilité du président de la République, celle des ministres et celle des « agents et dépositaires de l'autorité publique » en ces termes :

« Le président de la République, les ministres, les « agents et dépositaires de l'autorité publique sont « responsables, chacun en ce qui le concerne, de tous « les actes du gouvernement et de l'administration. »

Les deux alinéas suivants prévoyaient un cas de la responsabilité du président de la République, celui précisément qui a été réalisé ensuite par le crime du deux décembre ; et le quatrième alinéa renvoyait à une loi ultérieure, qui ne fut jamais faite, le soin de déterminer les autres cas de responsabilité, ainsi que les formes et conditions de la poursuite. Toutefois il résultait de l'article 94 que la responsabilité ministérielle, comme la responsabilité présidentielle, devait être mise en action par une décision de l'Assemblée nationale et que l'accusation devait être portée devant une haute cour de justice organisée à l'instar de la haute cour nationale de 1791. Comme en 1791, les peines à appliquer restaient indéterminées.

De ces deux Constitutions qui, malgré certains défauts, organisaient la France en nation vraiment maîtresse d'elle-même, il faut rapprocher la Constitution du 24 juin 1793, celle du 5 fructidor an III et celle du 12 frimaire an VIII. Les deux premières, en haine du despotisme, confiaient le pouvoir exécutif, l'une à un Comité du 24 novembre, l'autre à un Directoire composé de cinq personnes, Comité et Directoire dont les membres étaient élus pour un temps déterminé, ce qui enlevait à la représentation nationale le rôle permanent de haute direction qui lui appartient dans un régime véritablement représentatif. La Constitution de l'an VIII organisait, avec des dénominations républicaines, un régime despotique, si bien que le premier consul, devenu empereur, n'eut besoin que de lui faire, par voie de sénatus-consulte, des modifications de pure forme. Un trait commun de ces trois Constitutions est que, d'après elles, les ministres ne formaient point un conseil, n'étaient investis d'aucune autorité propre, n'étaient que de simples agents. C'est ce que déclaraient expressément l'article 68 de la Constitution de 1793 et l'article 151 de la Constitution de l'an III : d'où la con-

séquence, exprimée dans l'article 152 de cette seconde
Constitution, que les ministres n'étaient responsables
que de l'inexécution des lois et de l'inexécution des ar-
rêtés du Directoire, sorte de responsabilité sanctionnée
seulement par le droit de révocation. La Constitution
de l'an VIII exigeait bien (article 55) le contre-seing
d'un ministre pour tout acte du gouvernement; mais
cela ne suffisait pas pour donner aux ministres une autorité propre, puisqu'ils étaient privés de tout contact
avec les Chambres, contact qui seul aurait pu leur donner une force et un point d'appui. D'autre part, cette
même Constitution, en les déclarant responsables pénalement et en conférant au Corps législatif le droit de
les mettre en accusation devant une haute cour, eut
soin de limiter leur responsabilité de telle sorte qu'ils
n'eussent pas à craindre de l'engager en donnant leur
coopération aux volontés du maître revêtues des formes légales. En effet, d'après l'article 72, les ministres
du premier consul ou de l'empereur n'étaient responsables que : 1° de tout acte du gouvernement signé par
eux et déclaré inconstitutionnel par le Sénat; 2° de
l'inexécution des lois et des règlements d'administration publique; 3° des ordres particuliers par eux don-
nés, si ces ordres étaient contraires à la Constitution,
aux lois et aux règlements.

Telles ont été les Constitutions françaises, antérieures
à 1852, dans lesquelles la responsabilité ministérielle
pénale se rattachait au premier des deux types précédemment caractérisés. Le second type se remarque
dans la Charte constitutionnelle du 4 juin 1814, dans

l'acte additionnel aux Constitutions de l'empire, qui porte la date du 22 avril 1815, et dans la Charte constitutionnelle du 6 août 1830.

Les deux Chartes, par des dispositions identiques, déclaraient la personne du roi inviolable et sacrée, et les ministres responsables. Le roi et ses ministres n'étaient pas seulement investis du pouvoir exécutif : ils participaient au pouvoir législatif par le droit de proposition et de sanction ; en outre, le droit de déclarer la guerre et celui de faire les traités leur appartenaient sans partage. D'après la Charte de 1830 (art. 47), comme d'après celle de 1814 (art. 55) la responsabilité ministérielle était mise en action par la Chambre des députés, investie du droit de mettre en accusation les ministres et de les traduire devant la Chambre des pairs, qui seule avait le droit de les juger. L'une et l'autre étaient muettes sur la pénalité qui devait servir de sanction effective à la responsabilité. En ce qui touche la nature même de la responsabilité, on lit simplement ceci dans l'article 56 de la Charte de 1814 : « Ils (les ministres) ne peuvent être accusés que pour « fait de trahison ou de concussion. » Le même article ajoutait que des lois ultérieures spécifieraient « cette nature de délits » et en détermineraient la poursuite. Plus sobre encore à cet égard, la Charte de 1830 se bornait à dire, dans son article 69, qu'il serait ultérieurement pourvu par des lois particulières et dans le plus bref délai possible à différents objets, parmi lesquels était indiquée « la responsabilité des ministres et autres agents du pouvoir. » — L'acte additionnel transformait

l'empire autocratique en une monarchie constitutionnelle, à l'instar de la monarchie anglaise et de la monarchie française des deux Chartes. De même que les
deux Chartes, il attribuait à la Chambre élective le droit
d'accuser les ministres et à la Chambre des pairs celui
de les juger : il contenait, en outre, une série de dispositions réglementant en détail la procédure de mise en
accusation. Il déterminait la responsabilité ministérielle
en déclarant les ministres « responsables des actes du
gouvernement signés par eux ainsi que de l'exécution des
lois » (art. 39) et en statuant qu'ils peuvent être accusés et jugés « pour avoir compromis la sûreté ou
l'honneur de la nation » (art. 41). Enfin, l'article 42
ajoutait : « La Chambre des pairs, en ce cas, exerce,
« soit pour caractériser le délit, soit pour infliger la
« peine, un pouvoir discrétionnaire. » Cet acte constitutionnel contenait donc un ensemble complet sur la
responsabilité ministérielle pénale et ne laissait rien à
réglementer par une loi ultérieure.

La double promesse de réglementation contenue dans
les deux Chartes resta inexécutée. Des projets de lois
furent présentés et discutés inutilement, sous la Restauration, en 1815, 1816, 1817 et 1818, sous la monarchie
de Juillet en 183?, 1834, 1836 et 1837, pour préciser
les cas de responsabilité et régler la poursuite. C'était
une entreprise illusoire ; et, après son avortement sous
le précédent régime, on ne peut guère expliquer qu'elle
ait été tentée de nouveau, postérieurement à 1830, si
ce n'est par le dessein qu'auraient eu les hommes de
Juillet de laisser à l'état de lettre morte le principe

inscrit dans leur Charte. « Après avoir dit que les mi-
« nistres sont responsables et qu'ils seront jugés par un
« tribunal qui n'a point de supérieur, avait écrit J.-P.
« Pagès en 1817 (1), — on pouvait se dispenser de poser
« les limites de la responsabilité. Ainsi la législation
« anglaise doit, par la force des choses, s'introduire en
« France, sans que l'esprit de parti ou le pouvoir mi-
« nistériel puisse l'empêcher : les hommes ne peuvent
« rien contre les choses. — Toute loi qui définira la
« responsabilité sera donc une loi vaine. La loi ne peut
« régler que les formes de l'accusation, de l'instruction
« et du jugement; et cela suffit pour donner au ministre
« une grande sauvegarde. »

En effet, suivant la remarque faite par Benjamin
Constant (2), « les Anglais, si scrupuleusement attachés
« d'ailleurs, dans les objets qu'embrasse la loi commune,
« à l'application littérale de la loi, ne désignent les délits
« qui appellent sur les ministres la responsabilité que
« par les mots très-vagues de *high crimes and misde-*
« *meanours,* mots qui ne précisent ni le degré ni la nature
« du crime. » Benjamin Constant, qui avait été l'inspira-
teur et le principal rédacteur de l'acte additionnel, y
avait, comme on l'a vu, formulé la théorie anglaise d'une
manière très-correcte. Cette théorie, il l'avait antérieure-
ment développée dans le passage suivant de son ouvrage
déjà cité *De la Responsabilité des ministres*, qui a été écrit
et publié en 1814 sous l'empire de la première Charte :

« La responsabilité ne porte que sur le mauvais usage
« d'un pouvoir légal.

(1) *De la responsabilité des ministre,* p. 76. — (2) *Id.,* ch. VI.

« Ainsi une guerre injuste, ou une guerre mal diri-
« gée, un traité de paix dont les sacrifices n'auraient
« pas été commandés impérieusement par les circon-
« stances, de mauvaises opérations de finances, l'intro-
« duction de formes défectueuses ou dangereuses dans
« l'administration de la justice, enfin tout emploi du
« pouvoir qui, bien qu'autorisé par la loi, serait funeste
« à la nation ou vexatoire pour les citoyens, sans être
« exigé par l'intérêt public ; tels sont les objets sur les-
« quels la responsabilité étend son empire.

« On voit par cette définition abrégée combien sera
« toujours illusoire toute tentative de rédiger sur la
« responsabilité une loi précise et détaillée comme doi-
« vent l'être les lois criminelles.

« Il y a mille manières d'entreprendre injustement
« ou inutilement une guerre, de diriger avec trop de
« précipitation, ou trop de lenteur, ou trop de négli-
« gence la guerre entreprise ; d'apporter trop d'inflexi-
« bilité ou trop de faiblesse dans les négociations,
« d'ébranler le crédit, soit par des opérations hasardées,
« soit par des économies mal conçues, soit par des infi-
« délités déguisées sous différents noms. Si chacune de
« ces manières de nuire à l'État devait être indiquée et
« spécifiée par une loi, le code de la responsabilité de-
« viendrait un traité d'histoire et de politique, et encore
« ses dispositions n'atteindraient que le passé. Les mi-
« nistres trouveraient facilement de nouveaux moyens
« de les éluder pour l'avenir » (1).

Telle était pour Benjamin Constant, comme pour les

(1) Benjamin Constant, *De la responsabilité des ministres*, ch. VI.

autres publicistes de la monarchie constitutionnelle, la responsabilité ministérielle *proprement dite*. Aussi, en présence du texte de la Charte qui parlait seulement de « trahison » et de « concussion, » et en l'absence de toute loi déterminative, étaient-ils amenés à conclure qu'il fallait, de toute nécessité, donner à ces expressions le sens le plus large. « Il faudra, ajoutait Benjamin « Constant, établir qu'un ministre trahit l'État toutes « les fois qu'il exerce, au détriment de l'État, son auto- « rité légale. » — Quant à la pénalité devant servir de sanction à la responsabilité proprement dite, le même publiciste justifiait en ces termes l'absence d'une déter- mination faite à l'avance : « La nature de la loi sur la « responsabilité implique la nécessité d'investir les ju- « ges du droit d'appliquer et même de choisir la peine. « Les crimes ou les fautes sur lesquelles cette loi « s'exerce ne se composant ni d'un seul acte ni d'une « série d'actes positifs, dont chacun puisse motiver une « loi précise, des nuances que la parole ne peut dési- « gner, et qu'à plus forte raison la loi ne peut saisir, « aggravent ou atténuent ces délits. La seule conscience « des pairs est juge de ces nuances, et cette conscience « doit pouvoir prononcer en liberté sur le châtiment « comme sur le crime » (1).

Les données de cette théorie furent appliquées en 1830, lors du procès des derniers ministres de Char- les X. M. de Polignac et ses anciens collègues furent mis en accusation par la Chambre des députés et jugés par la Chambre des pairs. Bien que la procédure n'eût

____

(1) *De la responsabilité des ministres*, ch. XI.

pas été réglementée à l'avance, elle se poursuivit en donnant aux accusés toutes les garanties d'une libre défense. Ils furent déclarés coupables de trahison, pour avoir contre-signé les ordonnances violatrices des lois sur la presse et sur les élections, et pour s'être efforcés d'en procurer l'exécution contre les citoyens par l'emploi des armes. En l'absence de toute loi qui eût déterminé les peines applicables au crime de trahison prévu par la Charte, la cour des pairs y suppléa, tant en appliquant des peines puisées dans le Code pénal, qu'en instituant une pénalité nouvelle telle que la prison perpétuelle. En un mot, l'on se conforma aux enseignements de Benjamin Constant, qui était redevenu conseiller d'État au lendemain de la Révolution de Juillet ; et l'on sembla faire application de l'acte additionnel autant que de la première Charte.

Plus tard, sous la monarchie de Juillet, Rossi donnait à cette sorte de responsabilité ministérielle le nom de responsabilité *judiciaire* ou *criminelle*, pour la distinguer de la responsabilité *purement politique*. « L'accusation « contre les ministres, — professait-il en 1836, — est « un des actes les plus graves du régime représentatif, « c'est une sorte de révolution politique ; ce n'est pas « seulement, on se tromperait fort si on le croyait, ce « n'est pas seulement un acte judiciaire, c'est un acte « éminemment politique, et vous le comprendrez mieux « encore quand nous verrons le mode de poursuite ; « c'est un système de gouvernement qu'on veut déplacer et qu'on veut déplacer de manière à rendre « son retour impossible. »

L'éminent publiciste désirait qu'une loi fût faite pour organiser la procédure et pour fixer la pénalité ; mais il contestait absolument que les cas de responsabilité pussent être définis législativement. Après avoir montré l'inanité des définitions essayées dans un récent projet de loi, il ajoutait : « Le crime ministériel, si vous « exceptez quelques faits qui sont presque inconceva- « bles, est un fait complexe. C'est une réunion d'actes « dont chacun pris isolément ne signifie rien. C'est un « crime *constructif,* comme disent les Anglais, c'est-à- « dire un crime qui résulte d'un ensemble de choses, « d'actes, de tendances, de directions ; et voilà pourquoi « la poursuite d'un ministre sera toujours un acte es- « sentiellement politique, parce qu'il demande une « appréciation politique de sa vie ministérielle. Or, « comment faire des lois sur pareille matière ? (1) »

(1) *Cours de droit constitutionnel,* t. IV, p. 380, 381, 384, 385, 386.

CHAPITRE II

DE LA RESPONSABILITÉ MINISTÉRIELLE D'APRÈS LES DEUX
CONSTITUTIONS DU SECOND EMPIRE.

Les développements qui précèdent étaient nécessaires
pour permettre de bien apprécier la portée de la responsabilité ministérielle d'après la Constitution de 1852 et
d'après celle de 1870. Cette tâche est maintenant facile
à remplir.

Ainsi qu'on l'a déjà vu, la Constitution de 1852 excluait la responsabilité purement politique par la première phrase de son article 13, ainsi conçue : « Les
« ministres ne dépendent que du chef de l'Etat ; ils ne
« sont responsables que chacun en ce qui le concerne
« des actes du gouvernement ; il n'y a point de solidarité
« entre eux. » Ces dispositions écartaient expressément
deux des principes fondamentaux du régime représentatif, la dépendance des ministres à l'égard du Parlement et la responsabilité collective. En limitant ainsi la
responsabilité ministérielle, elles la consacraient implicitement dans une certaine mesure, laquelle se trouvait
indiquée par la seconde phrase du même article : « Ils
« ne peuvent être mis en accusation que par le Sénat. »

La Constitution de 1852 consacrait donc la responsa·

bilité pénale de chaque ministre individuellement pour les actes gouvernementaux auxquels il aurait coopéré. Elle laissait absolument indéterminés les cas de responsabilité et ne fixait ni la pénalité, ni la procédure, ni le tribunal chargé de juger. Ces deux dernières lacunes furent, en apparence, remplies après coup. Le sénatus-consulte du 4 juin 1858, relatif à la compétence de la haute Cour de justice, établit, dans son article 3, que la mise en accusation des ministres, prononcée par le Sénat en vertu de l'article 13 de la Constitution, serait portée devant la Chambre de jugement de cette haute Cour. Un sénatus-consulte antérieur, en date du 10 juillet 1852, avait réglé la composition de la haute Cour ainsi que l'instruction, l'examen et le jugement des affaires à elle déférées. Mais l'article 4 du sénatus-consulte de 1858 portait : « Lorsque l'accusé ou le pré- « venu a été reconnu coupable, la haute Cour applique « la peine prononcée par la loi. » Or aucune loi, aucun sénatus-consulte complétif de la Constitution n'avait jusqu'alors établi une pénalité en cette matière ; aucune loi, aucun sénatus-consulte n'en établit ensuite jusqu'au dernier jour de la Constitution de 1852. La disposition de l'article 4 rendait donc vaine et illusoire l'attribution de compétence écrite dans l'article 3 du sénatus-consulte du 4 juin 1858.

Est-ce à dire, pour cela, que la responsabilité ministérielle pénale, consacrée comme on vient de le voir, fût destituée de toute valeur et de toute efficacité ?

Cette responsabilité est de droit dans un système constitutionnel qui fait participer les ministres, soit comme

investis d'un pouvoir propre, soit comme simples auxiliaires du monarque, à l'exercice du pouvoir gouvernemental. Rossi l'a fort bien démontré dans le passage suivant : « Nul n'est forcé d'être ministre ni d'apposer
« son contre-seing sur un acte du roi qu'il croirait fu-
« neste ou illégal. Dès lors l'homme qui, étant ainsi libre
« de son action, étant maître d'accorder ou de refuser
« son consentement, l'accorde à un acte contraire à la
« loi ou aux intérêts du pays, cet homme foule volon-
« tairement aux pieds les lois, et il n'y a rien que de
« très-rationnel à ce qu'il soit responsable de cet acte.
« Quand on a parlé d'un ministre comme d'un instru-
« ment, on s'est écarté de la réalité des choses. Il est
« libre de déposer la robe ministérielle, et, comme il
« fait presque toujours partie d'une Chambre, il peut y
« venir combattre cet acte funeste au pays. Ainsi, quand
« même une partie de la responsabilité morale devrait
« peser ailleurs, il ne peut échapper à la responsabilité
« légale, il est codélinquant et complice, mais codélin-
« quant et complice d'une espèce particulière, parce
« que, s'il ne signait pas, l'acte serait impossible » (1).
— Sans doute, dans le système de la Constitution de 1852, les ministres ne faisaient pas partie de la Chambre élective, à ce point que, si un député devenait ministre, il cessait d'être député ; mais ils pouvaient être sénateurs, et ils l'étaient le plus souvent. Tout en ne dépendant que de l'empereur, ils n'étaient pas de simples instruments ; mais des auxiliaires honorés et

(1) *Cours de droit constitutionnel*, t. IV, p. 367.

puissants, comme l'avait écrit l'auteur de la Constitution ; bien que la Constitution ne consacrât pas en termes exprès la nécessité du contre-seing ministériel, leur coopération était rendue nécessaire par la disposition portant que le chef de l'Etat gouvernait « au moyen des ministres » et des trois grands corps délibérants ; et alors même que leur démission n'eût pas dû empêcher la réalisation d'un projet désapprouvé par eux, ils n'étaient pas soumis à une obéissance passive, puisqu'ils avaient la liberté de se démettre.

Les ministres ainsi responsables et déclarés tels constitutionnellement étaient associés à l'exercice d'un pouvoir gouvernemental très-étendu, qui comprenait notamment le droit absolu de déclarer la guerre et celui de conclure les traités. Comme on l'a vu précédemment, un tel pouvoir a pour corrélatif une responsabilité pénale dont les cas d'application ne sont pas susceptibles d'une définition législative. Vainement objecterait-on que la Constitution de 1852 avait établi un régime analogue à celui de la Constitution de l'an VIII, et qu'un tel régime ne comporte la mise en accusation des ministres que pour des cas déterminés à l'avance. Si les ministres du Consulat et du premier Empire ne pouvaient être accusés et jugés que pour des « délits de responsabilité d'office, » c'est parce que l'acte constitutionnel avait formellement réduit leur responsabilité à cette mesure et défini les délits. Or, étant donnée la participation des ministres à l'action gouvernementale la plus étendue, la responsabilité pénale la plus étendue est de droit, comme dérivant de la nature des choses, sans même avoir besoin pour exister d'être expressément déclarée par un texte constitutionnel : il suffirait qu'elle ne fût pas exclue.

La seconde monarchie bonapartiste a suivi en cette matière son système général de tromperie envers la nation. De même qu'elle rendait aux principes de 1789 un stérile hommage en les inscrivant au frontispice de sa constitution, les confirmant en bloc pour les violer en détail, de même elle s'était arrangée pour que, tant qu'elle durerait, la responsabilité pénale de ses ministres ne fût qu'un vain mot. Si elle avait été sincère, elle aurait dû, à l'exemple de la monarchie impériale des Cent-Jours, attribuer le droit d'accusation au Corps législatif et le droit de jugement au Sénat : elle aurait dû reproduire les dispositions de l'acte additionnel sur cette matière. Au lieu de cela, voulant assurer l'impunité à ses ministres pour s'assurer leur docilité, mais voulant aussi faire illusion sur elle-même par l'apparence de l'une des principales garanties de la liberté, elle eut soin de confier le droit d'accusation à un corps destiné à ne rien faire que selon la volonté du maître, et elle fit en sorte que si, par impossible, une accusation se fût produite dans de telles conditions, elle ne pût pas aboutir à un jugement. De la sorte, la responsabilité ministérielle consacrée par la Constitution de 1852 était comme paralytique : mais sa paralysie n'était pas incurable ; seulement, pour l'en guérir, il fallait qu'une Révolution fît disparaître les liens qui l'enserraient. Aujourd'hui l'Empire s'est écroulé ; la paralysie a disparu ; et la nation a devant elle d'anciens ministres qu'elle peut légitimement juger et qu'elle est en droit de punir si elle les reconnaît coupables.

La même solution s'impose avec non moins de force en ce qui concerne les ministres qui ont exercé leurs fonctions depuis la transformation du second Empire en monarchie constitutionnelle.

Cette transformation fut commencée par le sénatus-consulte du 8 septembre 1869, dont l'article 3 modifia profondément l'article 13 de la Constitution de 1852. A la place des dispositions restrictives « ils ne sont responsables que chacun en ce qui le concerne des actes du gouvernement, il n'y a point de solidarité entre eux, » on put lire dans le texte nouveau :

« Les ministres délibèrent en conseil sous la prési-« dence de l'empereur. »

« Ils sont responsables. »

La dernière disposition de l'article 13 de la Constitution, portant que les ministres ne peuvent être mis en accusation que par le Sénat, se trouvait purement et simplement reproduite. Il en était de même de la première disposition ainsi conçue : « Les ministres ne dépendent que de l'empereur. » Mais ce n'était là qu'une concession de rédaction faite aux sentiments vaniteux du monarque, puisque désormais l'ensemble des ministres formait officiellement un conseil, un véritable cabinet dont les membres étaient solidairement responsables des grandes décisions gouvernementales, et qu'en outre l'article 3 du sénatus-consulte novateur, décidant que les ministres pourraient être membres du Corps législatif, les mettait en contact permanent avec les deux Chambres. Ainsi le sénatus-consulte de 1869, outre qu'il rétablissait la responsabilité politique des ministres devant le Parlement, restituait à la responsabilité pénale le caractère de collectivité, qui lui est naturel.

La Constitution du 18 mai 1870, dont le texte avait été arrêté par le sénatus-consulte du 20 avril précédent et confirmé par le plébiscite du 8 mai, rendit plus correcte en la forme la restauration de la responsabilité politique en remplaçant, dans son article 19, la première disposition qui vient d'être rappelée par celle ci : « L'em- « pereur nomme et révoque les ministres. » Il est à remarquer que ce changement est dû à l'initiative du Sénat ; car le projet présenté par le Gouvernement reproduisait l'ancien texte de la Constitution de 1852 et du sénatus-consulte de 1869. Ce changement est ainsi motivé dans le rapport de la Commission sénatoriale, rédigé par M. Devienne : « La pensée de cette disposition est « d'établir que les ministres sont responsables dans « toute l'étendue du mot ; c'est là une conséquence im- « médiate de l'adoption du régime parlementaire qu'in- « troduit le sénatus-consulte. »

Le projet présenté par le Gouvernement ne reproduisait pas la disposition qui avait formé la dernière phrase de l'article 13 de la précédente Constitution et de l'article 2 du précédent sénatus-consulte, sans que, d'ailleurs, cette suppression se trouvât expilquée dans l'exposé des motifs signé par M. Emile Ollivier. La Commission sénatoriale y vit un simple oubli, mais elle crut nécessaire d'y remédier, en pourvoyant, comme le dit

son rapport, à la mise en action de cette responsabilité ;
et, déclarant s'inspirer de l'esprit de la Constitution
nouvelle pour mettre le Corps législatif sur le même
pied que le Sénat, elle proposa d'ajouter aux trois premières dispositions de l'article 19 une quatrième ainsi
conçue :

« Ils ne peuvent être mis en accusation que par le
« Sénat ou par le Corps législatif. »

Un sénateur qui ne faisait pas partie de la Commission, M. Lacaze, présenta un amendement tendant à la
suppression pure et simple de cette disposition. La
Commission se réunit de nouveau et entendit M. Lacaze, qui réussit à la convaincre. On lit, en effet, dans
le rapport supplémentaire de M. Devienne : « L'auteur
« de l'amendement a présenté un examen très-appro-
« fondi de cette disposition. Elle lui a paru difficile à
« adopter en dehors d'une législation qui règlemente la
« responsabilité des ministres et ses conséquences. —
« La Commission a pensé, en effet, que la règle po-
« sée par sa première rédaction pourrait présenter ,
« dans la pratique, de graves difficultés, et qu'il était
« plus conforme à l'esprit général qui inspire la nou-
« velle constitution de placer toute la législation rela-
« tive à la responsabilité ministérielle sous l'empire de
« la loi ordinaire. Elle a donc l'honneur de vous de-
« mander d'adopter l'amendement et de revenir à la
« rédaction proposée par le projet du gouvernement. »
Le Sénat ne pouvait moins faire, assurément, que de
déférer au triple vœu du ministère Ollivier, de M. Lacaze et de sa propre Commission. L'article amendé fut

mis aux voix en séance publique, ne donna lieu à aucune observation et fut adopté.

Pour toute autre assemblée qu'un Sénat impérial composé « de toutes les illustrations du pays, » il eût été intéressant de connaître et expédient de scruter les raisons décisives qu'avait pu exposer M. Lacaze dans son « examen approfondi. » Actuellement, et pour qui n'ignore pas les précédents qu'il a bien fallu rappeler ici avec quelques détails, on ne peut pas imaginer que cet examen ait été autre chose qu'un tissu d'erreurs historiques et de purs sophismes. Il a fallu ignorer absolument la doctrine de Benjamin Constant, de Pagès et de Rossi, n'avoir gardé aucun souvenir des essais législatifs auxquels ces vieillards avaient assisté sous un précédent régime, ne s'être pas donné la peine de lire les dispositions des Constitutions antérieures sur la matière, il a fallu enfin complétement méconnaître les notions les plus élémentaires du droit constitutionnel pour décider qu'une Constitution organisant le régime parlementaire et consacrant la responsabilité ministérielle dans le sens le plus étendu du mot, serait muette sur la mise en accusation des ministres. Il eût été bien simple et bien inoffensif de statuer, à l'instar des deux Chartes et de l'acte additionnel, que les ministres seraient accusés par la Chambre élective et jugés par la Chambre inamovible. Après la double expérience faite sous la Restauration et sous la monarchie de Juillet, renvoyer à une loi ultérieure la réglementation de la responsabilité pénale des ministres était une dérision.

Ainsi, en vertu des changements constitutionnels

survenus en 1869 et itérativement consacrés en 1870, les ministres de l'Empire ont été investis d'un pouvoir propre qui, ayant pour corollaire la responsabilité politique, donnait une base plus large à la responsabilité pénale. D'autre part, le principe de cette dernière responsabilité s'est trouvé dégagé de toutes restrictions, proclamé en termes généraux par un texte constitutionnel, mais sans être accompagné d'une réglementation qui permît de l'invoquer d'une manière efficace tant que subsisterait le régime qui avait désormais la Constitution de 1870 pour pacte fondamental. Moins encore qu'auparavant, les ministres ne pouvaient être mis en accusation en raison de l'usage par eux fait du pouvoir gouvernemental, puisque aucune des deux Chambres n'avait qualité pour les accuser. Mais aussi, l'Empire venant à s'écrouler, les ministres de la dernière période constitutionnelle se sont trouvés placés sous le coup de la responsabilité la plus étendue, en présence de la nation française qui est en droit de leur demander compte de tout ce qu'ils ont fait ou laissé faire à son détriment.

Vainement objecterait-on que les principes de notre droit criminel s'opposent à ce qu'un homme soit mis en accusation pour un fait qui n'a pas été spécifié par la loi, que tout crime doit être défini et qu'il ne peut y avoir lieu à l'application d'une peine qu'en vertu d'un texte précis. Une telle objection ne serait rien autre que la négation même de la responsabilité dont l'existence et la nature ont été démontrées, responsabilité qui forme le second des deux types précédemment caractérisés de la responsabilité ministérielle pénale. On est ici en matière de droit constitutionnel et non pas en matière de droit commun. On a vu précédemment que, étant donnée la base d'une telle responsabilité, la définition précise du délit est impossible, et que la détermination préalable de la peine, repoussée d'ailleurs par la nature même de la responsabilité dont il s'agit, n'est pas nécessaire parce que le tribunal doit être un corps politique investi, au moins en partie, du pouvoir législatif. On a vu aussi que, dans une circonstance mémorable, l'insuffisance de la définition du délit et l'absence de la détermination de la peine n'ont pas fait obstacle à la mise en accusation et à la condamnation de ministres coupables. Une garantie constitutionnelle ne pouvant pas être illusoire et se réduire à un vain mot, il faut bien que la responsabilité pénale des ministres du second empire, qui a été consacrée constitutionnellement, produise les conséquences que sa nature comporte, c'est-à-dire que ces ministres puissent être accusés et qu'ils soient punis s'ils l'ont mérité.

CHAPITRE III

DE LA RESPONSABILILITÉ CONSTITUTIONNELLE
DE L'EX-EMPEREUR.

« Le président de la République est responsable de-
« vant le peuple français, auquel il a toujours le droit
« de faire appel. » Ainsi disposait, dans son article 5,
la Constitution de 1852 qui, républicaine de nom seulement, était le mécanisme le plus ingénieusement combiné qu'on ait vu pour mettre une nation au pouvoir
d'un homme (1). Le seul élément quelque peu républi-
cain qui s'y trouvât était la règle qui limitait à dix ans
les pouvoirs de celui qui était alternativement appelé le
président de la République et le chef de l'État. Cette
limitation allait bientôt disparaître avec les dénominations républicaines, remplacées par des dénominations

(1) Une telle appréciation ne saurait être taxée de partialité,
ayant été déjà formulée de la manière suivante par un écrivain
impérialiste, grand admirateur de Napoléon III : « C'est ainsi
« qu'un mécanisme savant enserrait la société française tout en-
« tière. Assurément, pour qui réfléchit à l'omniprésence et à la
« toute-puissance de notre bureaucratie, jamais despotisme plus
« absorbant et plus irrésistible ne fut étendu sur une nation. »
(Cucheval-Clarigny, *Histoire de la Constitution de 1852*, p. 7.
Paris, Santon, éditeur, 1869.)

monarchiques répondant à la réalité des choses. La réussite du coup d'Etat de 2 décembre impliquait l'Empire; nul ne pouvait s'y tromper; et si Louis-Napoléon Bonaparte ne ceignit pas immédiatement la couronne, ce fut vraiment de sa part un scrupule excessif que peut seul expliquer un vif désir de calquer sa conduite sur celle du premier Napoléon.

Dans les « bases » constitutionnelles proposées à l'acceptation du peuple français, et qui furent adoptées par le plébiscite du 20 décembre 1851, la responsabilité du chef de l'État était énoncée en termes généraux et absolus : « Un chef responsable nommé pour dix ans. » Le texte de la Constitution, qui est le développement de cette idée fondamentale, peut sembler· la préciser dans un sens restreint, la réduire à une responsabilité purement politique ayant pour seule sanction la perte du pouvoir, et faire de sa mise en action une sorte de prérogative en faveur du chef déclaré responsable. Ici apparaît dans tout son lustre l'art machiavélique de l'homme de décembre, car jamais on ne sut mieux se servir de la parole pour obscurcir et déguiser la pensée. Si, en effet, la seconde des deux propositions qui forment l'article 5 contient toute l'application du principe théoriquement énoncé dans la première, il faut dire que, d'après ce texte, le chef de l'État n'est responsable qu'autant qu'il le veut bien, qu'autant qu'il juge utile à son intérêt de se retremper dans les votes d'un suffrage universel habilement dirigé. Et telle paraît bien être l'interprétation que l'auteur de la Constitution s'est efforcé de faire prévaloir sous forme de commentaire dans la préface de l'acte constitutionnel, où, après des critiques adressées à la déclaration d'irresponsabilité que contenaient les précédentes Constitutions monarchiques, il est dit : « La « Constitution actuelle proclame, au contraire, que le « chef que vous avez élu est responsable devant vous ; « qu'il a toujours le droit de faire appel à votre juge- « ment souverain, afin que, dans les circonstances so- « lennelles, vous puissiez lui continuer ou lui retirer « votre confiance. » — D'autre part, dans cette même proclamation, et immédiatement avant le passage qu'on vient de lire, la déclaration de responsabilité est présentée comme la constatation officielle de ce fait qu'un monarque est privé du pouvoir quand il est renversé par une insurrection triomphante : « Dans ce pays de « centralisation, l'opinion publique a sans cesse tout « rapporté au chef du gouvernement, le bien comme le « mal. Aussi, écrire en tête d'une Charte que le chef est « irresponsable, c'est mentir au sentiment public, c'est « vouloir établir une fiction qui s'est trois fois évanouie « au bruit des révolutions. »

Ainsi, selon l'auteur de la Constitution de 1852, sa responsabilité devant la nation se réduisait à la possibilité pour lui d'être privé du pouvoir suprême, soit par un vote plébiscitaire, soit par une contre-partie du coup d'État qui l'avait mis en possession de ce même pouvoir.

Tant que dura le second Empire, cette thèse ne put être ni discutée, ni contredite : elle ne put qu'être reproduite et affirmée, soit à la tribune, soit dans la presse. C'est ainsi qu'elle se produisit à la tribune du Sénat, le 27 juillet 1867, dans un discours à sensation prononcé par un homme qui avait été l'un des principaux complices du coup d'État, et l'un des préparateurs de la Constitution de 1852, par M. le duc de Persigny, qui devait tout à Napoléon III, jusqu'à son nom et à sa noblesse. Il est intéressant de voir, dans la reproduction de ce discours, le noble orateur présenter la responsabilité du prince comme étant à la fois la « loi fatale des monarchies », et la conséquence de la souveraineté du peuple (1), mais aussi déclarer un peu plus loin que « la responsabilité du souverain , très-sérieuse dans « les mauvais jours , n'est qu'une fiction en temps « prospère. » C'était bien la peine, en vérité, de critiquer comme fictive l'ancienne déclaration des constitutions parlementaires, pour y substituer une déclaration contraire qu'on devait ensuite présenter aussi

(1) « Le souverain est la tête ou le cœur du pays. Rien d'heu-« reux ou de malheureux ne peut arriver à la nation sans qu'il « en ressente le premier les effets. Si la grandeur et la prospérité « du pays, font sa gloire, la ruine et la dissolution de l'État font sa « perte. *C'est la loi fatale des monarchies : aucune ne peut s'y sous-« traire.* La responsabilité du prince vis-à-vis de la nation découle, « d'ailleurs, du principe de la souveraineté du peuple qui do-« mine tout notre établissement, et qui n'a pas seulement créé et « fondé la dynastie, mais qui reste la loi supérieure et le dernier « mot de nos discussions publiques ; car, en cas de conflit entre « les pouvoirs, c'est l'appel au peuple qui tranche le différend. « Or, dans ce régime, la personne inviolable et sacrée, c'est la « nation, et la personne responsable, c'est le délégué suprême « de la nation. » (*Moniteur universel* du 28 juillet 1867), p. 1046). — On a bien lu : C'est par un des hommes qui ont égorgé la souveraineté nationale en décembre 1851 que la nation est proclamée inviolable et sacrée !

comme entachée de fiction ! — Dans un livre écrit
en 1869, au lendemain de l'évolution parlementaire
effectuée au moyen du sénatus-consulte du 8 septembre, on retrouve cette même thèse paraphrasée par
M. Cucheval Clarigny, l'un des coryphées de la presse
impérialiste. « Les souverains qui cherchent dans le
« succès d'un coup d'Etat la satisfaction de faire pré-
« valoir leur volonté doivent accepter l'autre alterna-
« tive de cette périlleuse entreprise : la perte de leur
« couronne » (1). Mais aussi, dans un autre passage où
il se place en dehors de l'hypothèse néfaste d'un renversement du prince, l'écrivain ne voit plus dans le
principe constitutionnel qu'une « responsabilité impos-
« sible à définir, impossible surtout à réaliser » (2).

Une telle interprétation ne saurait être admise, parce
qu'elle n'équivaudrait à rien moins qu'à réduire au néant
la responsabilité si solennellement proclamée.

La loi est chose sérieuse : elle doit être tenue pour
telle, quel qu'ait été le caractère, quelles qu'aient été
les intentions de l'homme ou du groupe d'hommes dont
elle est l'œuvre : par conséquent, elle doit nécessairement être entendue dans un sens qui, tout en s'accor-
dant avec son texte, lui donne quelque efficacité. Or,
d'une part, le mot de responsabilité, dans la langue du
droit constitutionnel, implique une garantie en faveur
des gouvernés, et non pas une prérogative pour le gouvernant. Etant donné un gouvernant électif, et dont la
fonction est temporaire, la faculté pour ses électeurs de

(1) *Histoire de la Constitution de* 1852, p. 287.
(2) *Eod.*, p. 224.

le priver du pouvoir en ne le reélisant pas existe par cela même : parler en outre de responsabilité serait donc ne rien dire, si par là il fallait entendre seulement un droit que les électeurs ont déjà. D'autre part, il est à remarquer que l'auteur de la Constitution de 1852 a présenté la déclaration de sa propre responsabilité, non pas seulement comme une chose sérieuse, mais comme une garantie d'une importance capitale, puisqu'il en a fait la raison justificative du pouvoir immense qu'il s'attribuait, de ce pouvoir personnel qui a été si funeste à la France : « étant responsable, il faut que son action soit libre et sans entraves », dit la proclamation qui sert de préface à l'acte constitutionnel, en parlant du chef de l'Etat. Par conséquent, pour interpréter sainement l'art. 5 de cette Constitution, il faut considérer les deux propositions qui en composent le texte comme constituant deux dispositions distinctes, dont l'une proclame la responsabilité du chef de l'Etat, et dont l'autre lui confère la faculté de faire appel au suffrage universel. Il faut donc reconnaître que, dès avant l'avénement définitif du second Empire, la responsabilité du chef de l'Etat, proclamée en termes absolus, avait une portée tout autre que de rendre ce chef susceptible d'être rejeté dans la vie privée par un arrêt du suffrage universel.

Une fois la dignité impériale établie avec le double caractère d'être viagère et transmissible héréditairement, comme cela fut fait par le sénatus-consulte du 7 novembre 1852, et par le plébiscite confirmatif, il ne pouvait plus être question même de la simple appa-

rence d'une telle sanction. Néanmoins, aucun changement ne fut apporté à l'art. 5 de l'acte constitutionnel,
si ce n'est qu'on remplaça l'expression de président de
la République par celle d'empereur; et le texte ainsi modifié fut ensuite reproduit dans la Constitution de 1870,
où il devint l'art. 13. Il ne faut pas s'en étonner. La restauration de ce régime parlementaire, que Louis-Napoléon Bonaparte avait bafoué dans sa proclamation du
14 janvier 1852, fut subie par lui comme une nécessité;
mais, ne la subissant que comme une nécessité fâ-
cheuse et transitoire, il voulut qu'au moins la Constitution nouvelle portât en elle le germe du pouvoir
personnel, germe destiné à se développer de nouveau et à étouffer la plante parasite du parlementarisme,
lorsque les temps seraient redevenus propices. L'empereur continuant à être responsable constitutionnellement, il devait immanquablement arriver un jour ou
l'autre qu'il revendiquât cette « liberté d'action, » qu'une
telle responsabilité implique; et la prérogative réservée
de faire appel au peuple était le moyen simple et efficace
d'exercer cette revendication sans sortir encore une fois
de la légalité. — Dès lors, à tous les points de vue, il ne
restait plus que la seconde branche de l'alternative : la
responsabilité réalisable par une révolution. La remarque s'en trouve faite dans le livre déjà cité de
M. Cucheval-Clarigny, où l'on voit l'écrivain, reculant
devant cette conséquence imposée par la logique de
son système, chercher à s'y soustraire par l'anéantisse-
ment même du principe. « La responsabilité de l'em-
« pereur n'est plus guère qu'un hommage rendu à la.

« souveraineté du peuple, puisqu'elle ne pourrait être
« mise en pratique qu'au prix d'une révolution. Lors-
« qu'elle fut inscrite dans la Constitution de 1852 , elle
« avait une sanction, puisque le président de la Répu-
« blique devait se soumettre tous les dix ans à une
« reélection. Le peuple, en lui refusant ses suffrages,
« pouvait mettre fin à ses pouvoirs. Il n'en est plus
« ainsi. Comment faire application de la responsabilité
« à un souverain héréditaire autrement que par une dé-
« possession, c'est-à-dire par l'emploi de la force ? » (1)

Il est très-vrai que, dans le système si ingénieusement combiné de la seconde monarchie bonapartiste,
la responsabilité impériale était, comme la responsabilité ministérielle, subordonnée au renversement du
régime tout entier. Tant que l'Empire subsistait, agiter
le problème de la responsabilité de l'homme qui se
faisait appeler le souverain, eût été une entreprise
vaine et séditieuse. Mais, l'établissement impérial étant
renversé, la question est de savoir si ce renversement
est la sanction en vue de laquelle la responsabilité de
l'empereur avait été constitutionnellement proclamée.

Le doute, à cet égard, n'est pas possible. Ce n'est
point à une constitution, quelle qu'elle soit, de prévoir
et de consacrer à l'avance le renversement du régime
dont elle est le règlement fondamental ; car elle est
faite précisément pour conjurer une telle éventualité.
Et comment admettre, à moins de l'y voir écrite en
toutes lettres, que la dépossession du monarque par

____

(1) *Histoire de la Constitution de* 1852, p. 288.

voie révolutionnaire figure à titre de garantie dans une constitution monarchique? — D'autre part, quand une révolution se produit, le régime nouveau tire sa légitimité de la consécration que lui donne la volonté nationale, sans avoir besoin de recourir à la Constitution du régime précédent. La « loi fatale des monarchies » ne se codifie point, et l'on ne peut pas admettre qu'un article de constitution en soit simplement la formule, parce qu'il est inadmissible qu'une disposition constitutionnelle soit une sorte de maxime historique dépourvue de toute portée légale.

Puisque la responsabilité impériale a été présentée comme la contre-partie de l'irresponsabilité établie par les précédentes constitutions monarchiques dans notre pays, il convient de rétablir ici le sens et la portée véritable de cette règle si étrangement méconnue par les gens du 2 décembre. La Constitution de 1791 et les deux chartes la formulaient en ces termes : « La personne du « roi est inviolable et sacrée. » Ce n'était point là une déclaration absolue d'irresponsabilité : le mot n'y était même pas. Dans le système de la monarchie constitutionnelle, en effet, le monarque est toujours justiciable de l'opinion publique, à ce point qu'en Angleterre, cette terre classique du régime, la nation serait en droit de scruter même la conduite privée du monarque. La maxime constitutionnelle ne signifie pas non plus que le monarque soit ou doive se croire à l'abri d'un renversement : la preuve en est qu'elle fut reproduite dans la Charte de 1830, peu de jours après que le roi Charles X avait pris le chemin de l'exil où il allait mourir, et sans

que le nouveau roi pût avoir la pensée de se garantir
par là du sort semblable qui lui était réservé. Son véritable sens est d'exempter le monarque de toute responsabilité pénale, aussi bien pour les actes faits par lui
comme monarque que pour les crimes et délits de droit
commun. Pour s'en convaincre, il suffit de se reporter à
la Constitution de 1791, laquelle, après avoir déclaré la
personne du roi inviolable et sacrée, déterminait certains cas où le monarque était censé abdiquer la royauté,
et statuait ensuite en ces termes : « Après l'abdication
« expresse ou légale, le roi sera dans la classe des ci-
« toyens, et pourra être accusé et jugé comme eux pour
« les actes postérieurs à son abdication » (1).

Ainsi l'immunité du monarque constitutionnel n'est
pas l'irresponsabilité et porte un autre nom : c'est l'inviolabilité. Si l'on peut dire justement qu'un tel monarque est irresponsable, c'est dans un sens restreint,
par opposition à la responsabilité de ses ministres, qui
est à la fois le contre-poids et la raison justificative de
cette immunité en tant qu'elle s'applique à la conduite
politique du monarque. Elle est analogue à l'immunité
dont jouissent les assemblées parlementaires et qui
porte le même nom : seulement, elle est plus étendue
dans l'une de ses applications. Les membres des assemblées échappent à toute responsabilité pénale pour tout
ce qu'ils font en cette qualité ; ils sont, en outre, à l'abri
des poursuites judiciaires pour les crimes et délits de
droit commun qu'ils peuvent commettre, mais seule-

(1) Constitution du 14 septembre 1791, titre III, chapitre ii,
article 8.

ment pendant la durée des sessions et sauf l'autorisation de poursuivre qui peut être accordée par le corps dont ils font partie. Le monarque constitutionnel est irresponsable pénalement d'une manière absolue : ainsi le veut l'intérêt même de la nation, tel qu'on le comprend dans l'esprit de ce régime. Il y a là un pacte entre la nation et son chef; et ce pacte a pour effet d'interdire à la nation, lorsqu'elle a renversé le monarque, d'exercer contre lui une action pénale. Voilà pourquoi les rois Charles X et Louis-Philippe, après leur déchéance et leur expulsion, se sont trouvés à l'abri d'une mise en accusation.

Telle est l'immunité que l'ex-empereur Napoléon III a hautement répudiée. Il n'a pas voulu être inviolable, et il n'a point été constitutionnellement déclaré tel. Il a voulu, au contraire, être responsable : et sa responsabilité est inscrite dans les deux Constitutions en conformité desquelles il a régné et gouverné. De là résulte une double conséquence. En premier lieu, il peut, il doit être poursuivi, jugé et condamné conformément aux lois ordinaires, tout comme un simple citoyen, en raison des crimes ou délits de droit commun qui viendront à être relevés à sa charge. En second lieu, il se trouve, comme ses ministres, sous le coup d'une responsabilité pénale en raison des actes de son gouvernement qui ont été fautifs et préjudiciables à la nation.

Sans doute cet odieux monarque et ses complices n'ont pas pensé qu'il en pourrait être ainsi ; confiants dans cette Providence que sans cesse ils invoquaient outrageusement, ils n'ont pas suffisamment pris en con-

sidération l'éventualité des « mauvais jours ; » ils n'ont
pas mesuré toute la portée de leur innovation constitutionnelle ; et ils se sont crus assurés que la responsabilité du maître, comme celle des serviteurs, resterait
lettre morte. Qu'importe cela ? Si l'arbre qu'ils ont
planté porte ses fruits naturels, ils ne sauraient s'en
plaindre. Or, d'une part, il a suffi d'exclure du pacte
fondamental la maxime de l'inviolabilité pour que le
moderne César pût être légitimement mis en jugement.
D'autre part la déclaration constitutionnelle de responsabilité ne pouvait avoir d'autre sens que de le soumettre
à la responsabilité pénale dont le caractère et la portée
ont été précédemment déterminés en ce qui concerne
ses ministres. Toute autre interprétation, on vient de le
voir, doit être écartée comme fallacieuse. On a vu aussi
que, dans la langue du droit constitutionnel, le sens naturel du mot responsabilité est celui de responsabilité
pénale, et qu'une telle responsabilité est le contre-
poids nécessaire, la raison justificative d'un pouvoir
gouvernemental exercé autrement que par une assemblée
souveraine composée des représentants de la nation. L'ex-
empereur n'a pas voulu pour lui du rôle d'un monarque
qui règne sans gouverner, qui exerce un simple pouvoir modérateur suivant l'expression consacrée ; il s'est
placé dans la catégorie des gouvernants responsables où,
jusqu'alors, les ministres seuls avaient figuré. Sa responsabilité est donc de la même nature que celle de ses
propres ministres, avec cette différence toutefois qu'elle
a un caractère supérieur de gravité parce qu'elle corres-
pond à une puissance plus grande.

CHAPITRE IV

DE LA MISE EN ACTION DE LA RESPONSABILITÉ PÉNALE
ENCOURUE CONSTITUTIONNELLEMENT PAR L'EX-EMPE-
REUR ET PAR SES MINISTRES.

La mise en action de toute responsabilité pénale,
exige en premier lieu la détermination des faits en raison desquels elle peut avoir été encourue, et des personnes qui ont pu l'encourir. Il faut, en outre, déterminer quel tribunal doit juger, par qui et dans quelles
formes l'accusation doit être soutenue, enfin quelle pénalité est applicable.

Lorsqu'il s'agit de la responsabilité pénale ordinaire,
cette double tâche est facilitée par les dispositions pré-
cises d'une législation détaillée. Ici, au contraire, on est
en présence d'un principe laconiquement formulé par le
législateur constituant, et dont l'application se trouve
n'avoir été réglée à l'avance ni par la loi constitutionnelle du dernier régime, ni par la loi ordinaire. Cette
application doit donc être réglée après coup, pour que
le principe prenne vie : elle doit l'être au moyen du
raisonnement, en tirant les conséquences des prémisses
fournies par la nature même de la responsabilité qu'il
s'agit d'appliquer.

Le fait le plus grave qui, depuis l'établissement du second empire, puisse être relevé à la charge de l'ex-empereur et de ses ministres est assurément la guerre de 1870 qui a produit de si effroyables désastres. Elle est la réalisation de ce cas que Benjamin Constant indiquait en première ligne comme engageant la responsabilité pénale des ministres d'une monarchie constitutionnelle, quand il parlait d'une guerre injustement ou inutilement entreprise, dirigée avec trop de précipitation ou trop de lenteur, ou trop de négligence. Ses auteurs ont même trouvé moyen de commettre des fautes qui semblaient devoir s'exclure. Ils l'ont entreprise à la fois injustement et inopportunément; ils l'ont dirigée tout ensemble avec trop de précipitation et trop de négligence. Jamais des gouvernants n'ont autant mérité d'être accusés et jugés « pour avoir compromis la sûreté et l'honneur de la nation, » selon les expressions de l'acte additionnel aux constitutions du premier empire. Il n'y a certes aucune exagération à dire que les hommes qui ont entrepris cette guerre et l'ont dirigée jusqu'à la capitulation de Sedan, ont été les auteurs de l'un des plus grands crimes politiques qui puissent être commis.

Le principal auteur et le plus grand coupable est assurément l'ex-empereur. Sa volonté a été prépondérante aussi bien dans la décision première que dans la direction ; et, comme cela résulte de documents déjà publiés, elle est restée prépondérante jusqu'au bout, malgré une incapacité si désastreusement prouvée, et en dépit des déclarations en sens contraires faites par ses ministres à la tribune du Corps législatif. Pour ce qui est du dernier épisode de cette conduite criminelle, il n'est pas seulement un acte politique : on verra plus loin qu'il y a lieu de l'examiner aussi au point de vue du Code de justice militaire.

Les ministres qui partagent la responsabilité de cette guerre se divisent en deux groupes : le ministère Ollivier, tel qu'il était composé depuis le jour où s'est produit l'incident qui a servi de prétexte à la déclaration de guerre jusqu'au 9 août, et le ministère Palikao, formé à cette dernière date. Au premier s'adresse l'accusation d'avoir, sans une nécessité absolue, voué à la mort d'innombrables existences humaines, d'avoir résolu la guerre en vue d'un intérêt personnel et dynastique, de l'avoir entreprise avec des forces militaires et des approvisionnements insuffisants, et avoir aveuglément méconnu les forces de l'ennemi, d'avoir fait tout cela « d'un cœur léger, » et d'avoir trompé la nation par des déclarations mensongères. Le ministère Palikao est accusable pour avoir sacrifié la défense nationale en vue de sauver la dynastie, pour s'être rendu complice de Bonaparte, en lui laissant conserver le commandement des troupes malgré son ineptie, pour avoir trompé la nation jusqu'au dernier moment, pour avoir entravé son élan et paralysé ses forces vives, afin que l'honneur d'arrêter l'ennemi fût réservé tout entier à l'armée permanente ; pour avoir enfin fait faire aux pompiers des départements le stérile et dispendieux voyage de Paris et avoir ébauché une sorte de jacquerie dans les campagnes. Tels sont, non pas tous, mais les principaux griefs qui paraissent exister à la charge de ces hommes : les faits ont été assez publics pour qu'on soit fondé à les indiquer ici, sans commettre d'empiétement sur l'accusation elle-même et sur le jugement.

L'entreprise de la guerre étant reconnue criminelle, il y a culpabilité de la part de tous les membres du cabinet qui l'a décidée conjointement avec l'ex-empereur. Cette entreprise se trouve être la réalisation de l'hypothèse que Rossi présentait, il a plus de trente ans, dans son *Cours de droit constitutionnel*, comme le cas d'application le plus caractéristique de la responsabilité collective. «Le cas se présente de déclarer ou de ne pas décla-
«rer la guerre. Voilà une des questions les plus graves,
«les plus fécondes en conséquences utiles ou funestes,
«dont les résultats peuvent être les plus imprévus. La
«question se présente au cabinet. Faut-il déclarer la
«guerre, y a-t-il justice, nécessité de se mettre en état
«d'hostilité avec telle ou telle nation? Voilà une résolu-
«tion qui appartient à la puissance royale en vertu d'une
«disposition de la Charte, et voilà aussi une résolution
«qui n'appartient en particulier à aucun ministre, pas
«plus à celui de la guerre qu'à celui de la marine, qu'à
«celui des affaires étrangères. C'est une résolution de
«cabinet, une résolution générale. Sans doute, quand la
«guerre aura été déclarée, quand on passera les fron-
«tières pour se rendre sur le territoire ennemi, alors
«arriveront une série d'actes particuliers qui seront plus
«spécialement dans le domaine de tel ou tel ministre.
«Sans doute, ce sera alors le rôle particulier du ministre
«de la guerre de prendre toutes les mesures nécessaires
«pour que, aux époques convenables, les corps d'ar-

«mée soient portés sur tels points, les forteresses mises
«en bon état, les fonctionnaires de l'armée rendus à
«leurs postes, etc. Sans doute, il appartient plus parti-
«culièrement au ministre de la marine de prendre les
«mêmes dispositions à l'égard de l'armée de mer. Sans
«doute, il appartient particulièrement au ministre des
«affaires étrangères de donner des instructions relatives
«à l'état de guerre à toutes les ambassades, à toutes les
«légations, de prendre tous les renseignements néces-
«saires pour que les intérêts français soient respectés.
«Sans doute, le ministre des finances a là un rôle parti-
«culier et important à remplir. Mais la mesure géné-
«rale, cette grande résolution : — il y aura guerre, —
«est une mesure de cabinet. Ainsi, si une déclaration de
«guerre se trouvait être une trahison et pouvait donner
«matière à accusation, c'est le cabinet tout entier qu'on
«devrait accuser » (1).

Il est clair que la responsabilité collective comporte,
entre les différents membres d'un même cabinet, des
différences de culpabilité que l'examen du fait permet-
tra de reconnaître, et qui motiveront des différences
dans l'application de la pénalité. Mais aucun des membres du cabinet qui a entrepris la guerre actuelle ne
peut se dire innocent. Vainement établirait-il qu'il a été
contraire au projet, qu'il l'a combattu dans le conseil :
pour s'exonérer de la responsabilité, il fallait qu'il se
retirât du cabinet, au lieu de se rallier implicitement à
la majorité en restant ministre : pour faire son devoir

____

(1) *Cours de droit constitutionnel,* t. IV, p. 372, 373.

tout entier, il aurait dû même, après avoir déposé son portefeuille, venir dans l'une des deux Chambres, comme sénateur ou comme député, et expliquer les motifs de sa retraite. Qui peut dire que la funeste entreprise n'eût pas été empêchée, si un seul des douze hommes composant le « ministère des honnêtes gens » eût tenu une telle conduite, qui après tout eût été simplement la conduite d'un honnête homme et d'un bon citoyen ? — Le même raisonnement s'applique à la direction de la guerre une fois entreprise et à l'œuvre gouvernementale tout entière qui s'est accomplie jusqu'au 4 septembre. On sait combien fréquemment, pendant cette fatale période, le conseil des ministres délibérait, sous la présidence de l'empereur d'abord, puis sous celle de l'impératrice. L'autorité de ce conseil a même été invoquée par le ministre de la guerre pour décider le maréchal Mac-Mahon à exécuter le mouvement militaire qui devait aboutir au désastre de Sedan. Là encore il y a à faire la part de chacun ; mais il semble que cette part ne puisse consister que dans l'évaluation d'une culpabilité plus ou moins grande.

En dressant le bilan du second Empire, on pourrait relever bien d'autres chefs d'accusation contre l'ex-empereur et certains de ses ministres. Il n'est guère de ministre de la justice ayant exercé ses fonctions depuis 1852 qui puisse échapper au reproche d'avoir perverti l'institution judiciaire, et il n'est guère de ministre de l'intérieur qui n'ait mérité celui d'avoir faussé le suffrage universel. C'est ainsi que des documents récemment publiés ont prouvé la pression électorale exercée à ou-

trance par le « ministère des honnêtes gens » à l'occasion du dernier plébiscite impérial. Dans l'ordre de la
politique extérieure, la guerre du Mexique, la ligne de
conduite suivie en 1866 relativement aux affaires d'Al-
lemagne et l'incident du Luxembourg, sont certainement
matière à accusation contre le monarque d'alors et ceux
de ses ministres qui se sont associés spécialement à lui
dans ses agissements, notamment contre les ministres
des affaires étrangères qui ont été ses auxiliaires pour la
résolution et l'exécution, et contre les ministres d'État
qui, en se faisant les apologistes des fautes commises,
ont préparé les voies pour en commettre de nouvelles.
Non-seulement ces agissements, considérés en eux-
mêmes et dans leurs résultats immédiats, ont été fautifs
et préjudiciables à la nation, mais ils sont reliés ensemble et avec la guerre actuelle par un enchaînement in-
contestable, et il semble qu'une accusation basée sur le
dernier terme de la série implique nécessairement une
triple accusation basée sur les trois autres

Le jugement de l'ex-empereur et de ses ministres, à
raison de la responsabilité pénale constitutionnellement
encourue par eux, ne saurait appartenir à un tribunal
autre que l'Assemblée nationale. Comme on en a vu la
remarque faite par Rossi, il s'agit d'exercer une juridiction qui a un caractère essentiellement politique et qui,
à ce titre, est en dehors du rôle des tribunaux ordinaires. Tandis que, dans une cour d'assises, le jury n'a
qu'à se préoccuper de l'existence et de la gravité d'une
culpabilité dont les éléments sont déterminés par la loi
et que les juges, une fois la culpabilité déclarée, font

l'application d'une pénalité également déterminée par
la loi, ici le rôle des hommes appelés à juger exige qu'ils
soient investis de la plus haute autorité sociale, du pouvoir même de faire la loi, parce que ni le crime ni la
peine n'ont été déterminés législativement. Il ne saurait
être question, d'ailleurs, d'instituer une haute cour de
justice pour lui faire exercer, par délégation de l'assemblée souveraine, la juridiction dont il s'agit ; car ce serait
méconnaître la nature politique de cette juridiction ; et,
pour mettre un tel tribunal à même de remplir sa mission, il faudrait déterminer le crime et la pénalité par
une loi qui serait contraire aux principes, parce qu'elle
aurait le double caractère d'être spéciale pour certains
hommes et pour certains faits, et d'être rétroac-
tive.

L'action publique dérivant de la responsabilité constitutionnelle, c'est-à-dire le droit de mettre en accusation
les hommes qui ont encouru cette responsabilité, appartient à tout citoyen. Si, en 1830, ce droit ne put être
exercé que par la Chambre des députés, c'est parce qu'il
existait alors deux Chambres légiférantes, et que le droit
de juger étant attribué à la Chambre haute, par la nouvelle Charte aussi bien que par l'ancienne, il avait été
logique de statuer constitutionnellement que la mise en
accusation appartiendrait au corps qui était censé représenter la nation entière. Mais lorsque, par la force des
choses, le droit de juger se trouve dévolu à l'assemblée
unique composée des représentants de la nation, il serait
complétement arbitraire de restreindre à certains citoyens ou à certaines catégories de citoyens un droit qui

les intéresse tous et pour lequel ils ont tous un titre égal. — Pour ce qui est de l'exercice de ce droit, différentes situations sont à considérer. Les citoyens ne faisant partie ni de l'Assemblée ni du Gouvernement pourront agir par voie de pétition à l'Assemblée : si les accusations par eux formées étaient reprises par un ou plusieurs membres de l'Assemblée ou par le Gouvernement, l'intervention des pétitionnaires ne devrait pas aller plus loin, parce qu'elle n'aurait plus d'objet et qu'elle ne pourrait qu'embarrasser la marche de l'action; dans le cas contraire, ils devraient être admis à soutenir leurs accusations devant l'Assemblée. En exerçant un droit qu'ils ont comme citoyens et que leur qualité de représentants du peuple ne peut assurément pas leur enlever, les membres de l'Assemblée qui se porteraient accusateurs renonceraient par là même à siéger comme juges : ils ne pourraient donc pas prendre part aux délibérations auxquelles donnerait lieu l'action par eux intentée. Quant au Gouvernement, c'est-à-dire au groupe d'hommes investi du pouvoir exécutif, il semble que l'accusation ne soit pas seulement pour lui un droit, mais un devoir envers la nation. Après tant de hontes et tant de désastres, il ne se peut pas qu'il n'y ait point de coupables à punir parmi les anciens gouvernants du régime impérial. Mieux que les simples citoyens, mieux que les membres de l'Assemblée, les gouvernants du régime nouveau se trouveront à même d'apprécier le nombre et la gravité des agissements criminels qui ont eu lieu et de réunir les preuves de la culpabilité de leurs auteurs. Comment pourraient-ils, dès lors, se dispenser de déférer les coupables au tribunal souverain qui doit les juger ?

Il appartiendra à l'Assemblée nationale, quand elle sera saisie de l'accusation, de régler la procédure que comportera ce grand procès. En le faisant, elle ne manquera certainement pas d'assurer aux accusés les garanties les plus larges pour la liberté de leur défense. Dans un procès criminel ordinaire, lorsque l'accusé n'est pas sous la main de la justice et ne répond pas à la citation qui lui a été adressée, lorsqu'il est contumax, selon l'expression consacrée, il ne peut pas être défendu, mais aussi la condamnation prononcée contre lui n'est pas irrévocable : elle est réputée non avenue aussitôt que le condamné purge sa contumace, soit en se présentant volontairement, soit parce qu'il vient à être saisi. L'arrêt rendu par une assemblée souveraine ne saurait avoir un tel caractère de révocabilité : il conviendra donc que les accusés soient défendus, même s'ils sont en état de contumace. L'accusation et l'époque fixée pour son examen devront être portées à leur connaissance par tous les moyens possibles, s'ils sont hors de France. S'ils ne comparaissent pas devant l'Assemblée, il conviendra qu'ils puissent se faire représenter par des défenseurs qu'ils auront choisis ; et, au besoin, on leur en donnera d'office.

Pour la détermination et l'application de la peine, l'Assemblée nationale se trouvera investie d'un pouvoir discrétionnaire qui dérive, ainsi qu'on l'a vu précédemment, de la nature même de la responsabilité dont il s'agit. Toutefois il semble que l'exercice de ce pouvoir

ne doive pas être subordonné seulement aux considéra-
tions tirées de l'importance du crime et du degré de la
culpabilité. Il semble, au contraire, que certaines limites
lui soient assignées d'avance par les progrès accomplis
dans notre législation et dans nos idées en matière pénale, et qu'il convienne d'éviter l'apparence même de
l'arbitraire. Il convient donc que le choix des peines
soit restreint à celles qui figurent dans le Code pénal.
Dans ce cercle même, il y a des éliminations à faire; et,
parmi les modes d'expiation institués par la loi, quel-
ques-uns seulement paraissent admissibles.

Bien qu'il eût réclamé l'abolition de la peine de mort
pour les crimes politiques sous la seule condition qu'ils
n'eussent pas fait répandre le sang (1), Benjamin
Constant admettait sans restriction que cette peine pût
être prononcée contre un ministre dont la culpabilité
serait jugée assez grande pour la mériter. Il admettait,
en outre, l'exil et la détention (2). — Depuis l'époque
où il écrivait, la peine de mort a été abolie en matière
politique : ce fut l'honneur de la République de 1848,
comme ce sera l'honneur de la République actuelle d'a-
bolir cette même peine pour les crimes ordinaires. Il
importe peu qu'au lendemain du coup d'État de décembre
l'échafaud politique ait été relevé par l'un des hommes
qui sont maintenant à juger. Il importe peu, aussi, que
la culpabilité constatée à la charge de l'un ou de quel-

(1) *Cours de politique constitutionnelle*, édition belge de 1837,
p. 95.
(2) *De la responsabilité des ministres*, ch. XI.

ques-uns de ces hommes puisse être telle que tout autre châtiment paraisse insuffisant. Comme l'a dit le poète :

« Affirmons le progrès dans le châtiment même. »

Ecartons donc la peine de mort. Il faut écarter aussi le second terme de la nomenclature donnée par Benjamin Constant; car l'exil n'existe pas dans notre Code pénal, du moins sous cette dénomination : nous n'avons que le bannissement, peine temporaire, dont la durée ne peut dépasser dix ans. La détention, au contraire, est parfaitement admissible. Elle est une des peines réservées par la loi ordinaire aux crimes de l'ordre politique. Elle consiste dans l'incarcération dans une forteresse située sur le territoire continental de la France : sa durée est de cinq ans au moins, de vingt ans au plus. Mais, à elle seule, elle ne saurait suffire ; car elle est trop légère pour les cas les plus graves et trop grave pour les culpabilités les plus atténuées.

On est ainsi amené à admettre tout au moins, avec la détention, les deux autres peines qui sont comme elle plus spécialement réservées par la loi pour les crimes de l'ordre politique : l'une plus grave, qui est la déportation, l'autre plus légère, qui est le bannissement. De la sorte on a, en regard de la nomenclature de Benjamin Constant, une autre nomenclature tripartite empruntée au Code pénal et comprenant :

1° La déportation, peine perpétuelle, qui consiste à être transporté et à demeurer à perpétuité dans un lieu déterminé par la loi, hors du territoire continental de la France (Code pénal, art. 17);

2° La détention qui comporte la privation de la liberté sans transportation, et dont la durée peut aller jusqu'à vingt ans (C. P., art. 20);

3° Le bannissement qui consiste dans l'expulsion du territoire français, sans incarcération, pour un espace de temps qui ne peut pas dépasser dix ans (C. P., art. 32).

Ce n'est pas assez toutefois. Pour que la pénalité soit complète et bien proportionnée, pour qu'elle soit véritablement adéquate à tous les degrés de la culpabilité, il faut qu'elle comprenne encore une peine plus grave que la déportation et une peine plus légère que le bannissement : les travaux forcés à perpétuité et la dégradation civique.

Cette dernière peine ne frappe pas le condamné dans la libre disposition de sa personne : elle consiste exclusivement dans une série de déchéances dont l'énumération est contenue dans l'article 34 du Code pénal et dont la plus grave est la privation des droits civiques et politiques. Elle est tantôt peine principale, et tantôt accessoire à une autre peine. Elle est l'accessoire obligée de toutes les peines placées avant elle par ordre de gravité, notamment des trois précédemment indiquées. (C. P., art. 18 et 28). Comme peine principale elle peut être accompagnée d'un emprisonnement correctionnel de cinq ans au plus (C. P., art. 35). Dans la pénalité dont il est ici question, il va sans dire que la dégradation civique doit jouer son rôle habituel de peine accessoire. Elle doit aussi être admise comme peine principale pour être prononcée soit seule, soit avec un emprisonnement, contre ceux des accusés que l'Assemblée jugerait les moins coupables. Elle a cet avantage de correspondre particulièrement à la nature de la culpabilité gouvernementale, si atténuée qu'on la suppose : il est de toute justice qu'un homme qui, même par faiblesse simplement ou par ignorance, s'est associé à la direction d'agissements politiques, préjudiciables à la nation, soit exclu désormais de toute participation aux affaires publiques.

La peine des travaux forcés à perpétuité occupe, dans la hiérarchie pénale, le premier rang après la peine de mort qui est destinée à disparaître bientôt de notre Code ; elle est placée avant la déportation qui partage avec elle le caractère de perpétuité. Elle l'emporte en gravité sur la déportation par la dureté plus grande du traitement auquel le condamné est soumis et par le caractère d'infamie qui s'y attache. Il est vrai qu'elle n'est pas prononcée par la loi pour les crimes rangés dans la catégorie des crimes politiques ; mais il faut observer que cette catégorie comprend seulement les actes défendus par la loi qui tendent à changer l'ordre politique, l'organisation intérieure du pays (1), et non ceux qui sont des attentats contre la nation même, des crimes contre la patrie française. La distinction à cet égard ressort trèsnettement des dispositions du Code pénal lui-même, tel

(1) Dans un travail sur le décret abolitif du 26 février 1848, M. V. Molinier, professeur de droit criminel à la Faculté de Toulouse, a donné des crimes politiques la définition suivante : « Les « crimes politiques sont ceux qui sont dirigés contre un gouver- « nement établi, et qui ont pour objet de le renverser ou d'arrêter son action. » (*Revue de droit français et étranger*, tome V, année 1848, p. 277.)

qu'il a été remanié depuis 1848, où l'on voit l'article 87 punir de la déportation l'attentat dont le but est soit de détruire ou changer le gouvernement ou l'ordre de successibilité au trône, soit d'exciter les citoyens ou habitants à s'armer contre l'autorité impériale, tandis que les crimes contre la sûreté extérieure de l'Etat ayant le caractère de la trahison sont punis de mort par les articles 75, 76, 77, 80, 81, 82 et 83, et que la même peine est prononcée par les articles 91 et suivants pour les crimes tendant à troubler l'Etat par la guerre civile, l'illégal emploi de la force armée, la dévastation et le pillage publics. Or, il se peut qu'un crime constaté par l'Assemblée à la charge d'un accusé traduit devant elle soit si grand, apparaisse avec un caractère tellement odieux, que l'idée de justice distributive réclame impérieusement le plus grand des chatiments institués par notre législation, la peine de mort exceptée. Eh quoi ! la patrie aurait été indignement sacrifiée en vue d'intérêts égoïstes, la perfidie du coupable n'aurait eu d'égale que sa lâcheté, des maux sans mesure auraient été déchaînés par lui sur la nation, et un châtiment quelconque pourrait paraître trop sévère pour l'auteur de ces maux ! Un tel coupable n'est pas un athlète politique renversé dans la lutte, c'est un traître à son pays, c'est un scélérat infiniment plus malfaisant qu'un vulgaire assassin et aussi criminel qu'un parricide.

CHAPITRE V

Les principes du droit et les dispositions de la loi reconnaissent et organisent deux responsabilités distinctes en raison des faits de l'homme qui excèdent le légitime emploi de son activité : la responsabilité civile et la responsabilité pénale. La première, qui est la plus large, existe pour tout fait fautif, si légère que soit la faute et en l'absence même de toute mauvaise intention de la part de son auteur, lorsque cette faute a pour résultat un dommage causé à autrui : elle entraîne l'obligation de réparer pécuniairement le dommage causé. Le principe de cette responsabilité, qui est susceptible d'innombrables applications, est ainsi formulé par les articles 1382 et 1383 du Code civil des Français : « Tout fait
« quelconque de l'homme, qui cause à autrui un dom-
« mage, oblige celui par la faute duquel il est arrivé à le
« réparer. — Chacun est responsable du dommage qu'il
« a causé, non-seulement par son fait, mais encore par
« sa négligence ou son imprudence. » Dans notre législation, à part un petit nombre de cas spéciaux, la détermination de la faute et celle de la réparation pécu-

niaire sont abandonnées aux lumières et à la conscience du juge. La responsabilité pénale ordinaire, comme on a eu déjà l'occasion d'en faire la remarque dans les pages précédentes, n'existe que dans les cas expressément prévus par la loi, sous la double condition que le fait soit défini et que la peine soit déterminée. Elle existe à raison de certains faits simplement fautifs qui portent le nòm de contraventions et qui n'entraînent qu'une pénalité légère : en dehors de ces cas, elle implique une intention mauvaise qui est un élément essentiel de la criminalité. Il arrive fréquemment qu'un même fait donne lieu à l'application des deux responsabilités : c'est lorsqu'un préjudice pécuniaire est causé par un fait qui tombe sous le coup de la loi pénale. En cas pareil, la juridictionrépressive à qui ressort la poursuite tendant à l'application de la peine est compétente pour régler la réparation pécuniaire ; la partie lésée a, d'ailleurs, l'option de porter sa réclamation pour un dédommagement, soit devant cette juridiction, par une action jointe à l'action publique, soit devant la juridiction civile, par voie d'action principale.

Rossi, dans son *Cours de droit constitutionnel* (1), a professé l'existence de la responsabilité civile à la charge des ministres, concurremment avec la responsabilité politique et la responsabilité criminelle. « Il en est, a-t-il « dit, du crime ministériel comme de tous les autres « crimes. Indépendamment du mal moral, les crimes « peuvent produire un préjudice matériel appréciable en

(1) T. IV, p. 382-384.

« argent, soit au préjudice de l'Etat, soit au préjudice de
« quelques particuliers. Il peut donc y avoir lieu à des
« dédommagements, en d'autres termes à la réparation
« civile : c'est là la règle générale lorsqu'il s'agit de
« crimes ou de délits. » Mais l'énormité de la réparation
que peut réclamer, dans certains cas, l'énormité du préjudice causé ne doit elle pas faire écarter ici l'application
de la règle générale ? Rossi, après s'être posé l'objection,
l'a écartée par une considération de l'ordre politique,
en concluant ainsi : « La responsabilité civile est un frein
« utile, et tel homme qui ne reculerait pas devant l'im-
« moralité de certains actes reculera devant l'idée que
« ces actes peuvent compromettre, non-seulement son
« honneur personnel, mais l'avenir de sa famille. »
L'objection, d'ailleurs, n'est nullement juridique : en
droit, il est impossible de comprendre comment l'importance de l'objet d'une obligation pourrait vicier le
principe même de l'obligation. Etant donnée l'existence
d'un immense dommage matériel causé par la faute de
certains gouvernants, il serait souverainement injuste
que ce dommage ne fût pas réparé, et que ses auteurs
conservassent leurs richesses. Si les gouvernants coupables doivent se trouver ruinés par suite de l'application du principe de la responsabilité civile, ils ne sauraient se plaindre de subir les conséquences d'une règle
qui s'étend à toutes les fautes que l'homme peut commettre.

La décision ainsi donnée par Rossi ne peut souffrir
de difficulté à l'égard de l'ex-empereur et de ses ministres. De par le droit commun, ils sont responsables civi-

lement des dommages causés par leurs fautes criminelles, notamment de l'immense préjudice pécuniaire qui aura été, pour la nation, l'un des résultats de la guerre actuelle. L'action judiciaire ayant pour objet de faire valoir cette responsabilité contre le monarque déchu et les membres de ses deux derniers ministères pourrait, sans doute, être portée devant la juridiction civile ordinaire (1) ; mais les principes généraux autorisent aussi à la porter devant l'Assemblée nationale, concurremment avec l'action criminelle, basée sur les mêmes faits, et ce second parti semble préférable à tous les points de vue. Bien mieux qu'un tribunal quelconque, l'Assemblée souveraine, éclairée par de solennels débats, sera à même d'apprécier en pleine connaissance de cause la gravité de la faute et l'importance du dommage. Si ce dommage, comme tout porte à le croire, doit se chiffrer par plusieurs milliards de francs, aura-t-elle à condamner les coupables, solidairement ou dans des proportions déterminées, à payer le montant de l'évaluation ? Une telle condamnation aurait quelque chose de puéril, car sûrement les fortunes réunies de ces hommes, quelque

(1) La responsabilité civile des ministres n'avait fait aucun doute pour l'Assemblée constituante de 1848, comme en témoigne l'article 98 de la Constitution de cette époque, aux termes duquel l'action tendant à une réparation pécuniaire pourrait être portée, conformément au principe précédemment rappelé, soit devant la juridiction civile, soit devant la juridiction spéciale de répression : « Dans tous les cas de responsabilité des ministres, l'As- « semblée nationale peut, suivant les circonstances, renvoyer le « ministre inculpé, soit devant la haute cour de justice, soit de- « vant les tribunaux ordinaires, pour les réparations civiles. »

considérables qu'on les puisse croire, et en supposant qu'on pût les atteindre entièrement, ne pourraient pas, à beaucoup près, produire une somme aussi énorme. La condamnation pécuniaire semble donc devoir consister dans l'attribution au Trésor public de tous les biens des condamnés qui pourront être saisis en territoire français. Une telle mesure ne pourrait nullement être confondue avec la confiscation qui a disparu de nos lois. L'ancienne confiscation dépouillait le condamné pour le punir, et l'idée d'indemnisation lui était étrangère. Au contraire, la mesure proposée ne ferait, en quelque sorte, que réaliser ce que notre Code civil appelle la cession de biens, et qui est l'abandon qu'un débiteur fait de tous ses biens à ses créanciers lorsqu'il se trouve hors d'état de payer ses dettes. Elle ne devrait être exécutée, bien entendu, qu'en respectant les droits des tiers. Elle n'aurait pas, d'ailleurs, pour effet de réduire à la pauvreté les hommes qui seraient atteints par elle ; car il est indubitable que ces gens-là ont pris leurs précautions en plaçant à l'étranger une bonne partie des richesses que l'exploitation de la France par l'Empire leur a procurées.

On a vu précédemment que l'ex-empereur, n'étant point couvert par un pacte constitutionnel d'inviolabilité, se trouve soumis à la responsabilité pénale ordinaire pour les crimes et délits qui pourraient être relevés à sa charge comme commis par lui pendant qu'il était revêtu de la dignité impériale. Comme lui, ses ministres sont responsables pénalement dans les termes du droit commun pour les méfaits qu'ils ont pu commettre lorsqu'ils étaient au pouvoir : avant la chute du régime impérial ils étaient même, sous ce rapport, moins favorisés que les autres fonctionnaires, en ce qu'ils n'étaient pas couverts par la garantie administrative qui exigeait l'autorisation préalable du Conseil d'Etat pour l'exercice de l'action publique. La législation impériale, naturellement, n'avait pas prévu et réglementé l'application de la responsabilité pénale ordinaire au monarque. Elle l'avait fait pour les ministres, que le sénatus-consulte du 4 juin 1858 avait déclarés, avec certaines autres catégories de hauts personnages, exclusivement justiciables de la haute cour de justice. La suppression de cette juridiction exceptionnelle, qui a disparu avec l'Empire, les a remis entièrement dans le droit commun ; car le principe de la non-rétroactivité des lois, en matière criminelle, ne fait nullement obstacle à l'application des changements que le législateur introduit dans l'organisation des juridictions et dans les règles de la procédure. Par conséquent, s'il y a lieu de mettre en action, à l'égard du monarque déchu et de ses ministres, la responsabilité dont il s'agit, ils devront être poursuivis dans les formes ordinaires et jugés par les tribunaux ordinaires, c'est-à-dire par la Cour d'assises ou par le tribunal de police correctionnelle, selon le caractère de l'incrimination.

Sans qu'il convienne d'entrer ici dans la recherche minutieuse des divers crimes ou délits de droit commun qui peuvent avoir été commis par ces hommes, il est permis de croire que la constatation de leur responsabilité à cet égard n'est pas sans utilité. La chute de l'Empire a déjà révélé des faits qui appellent un sérieux examen judiciaire. N'a-t-on pas vu l'homme qui était encore ministre de l'intérieur dans la matinée du 4 septembre s'enfuir après avoir pris plus de deux cent mille francs dans la caisse de son ministère, puis écrire au gouvernement nouveau qu'il avait employé, sur cette somme, quelque chose comme soixante mille francs pour les dépenses du voyage de la ci-devant impératrice et qu'il restituerait le reste ? Si ce n'est pas là un vol, il est bon qu'un jugement le déclare. Il est nécessaire aussi qu'une investigation judiciaire porte sur l'emploi des fonds du ministère de la guerre. L'insuffisance de nos préparatifs militaires, si féconde en résultats funestes, ne semble pouvoir s'expliquer que par de gigantesques détournements opérés au profit de l'ex-empereur. Si de tels détournements ont été réellement commis, leurs auteurs doivent être poursuivis et condamnés comme voleurs. S'ils ne l'ont pas été, les hommes à qui l'opinion publique impute un pareil méfait doivent désirer une justification publique et éclatante.

Il sera donc légitime et nécessaire de scruter, au point de vue de la loi pénale ordinaire, la conduite des gouvernants du régime impérial. Pour l'ex-empereur, un pareil examen devra être fait aussi au point de vue du Code pénal militaire. Aux termes des articles 209 et 210 de ce code, la capitulation conclue avec l'ennemi, et qui a pour résultat soit la reddition d'une place, soit de faire poser les armes à une troupe, est le plus grand crime que puisse commettre un commandant militaire, quand ce commandant n'a pas fait auparavant « tout ce

« que prescrivaient le devoir et l'honneur » : il entraîne
pour le coupable la peine de mort, avec dégradation
militaire (1). La capitulation de Sedan, cette honte finale
de l'Empire, semble être le plus grand exemple d'un tel
crime qu'on ait vu jusqu'alors. Si large que l'on fasse
la part des suppositions indulgentes jusqu'à l'heure où
la lumière sera complétement faite sur lui, le désastre
des 1er et 2 septembre implique tout au moins une coupable impéritie dans la direction de la malheureuse
armée qui, après avoir été décimée sur le champ de ba-
taille, comptait encore plus de cent mille hommes quand
elle a été rendue prisonnière de guerre. Assurément
aussi l'ex empereur a tenu en cette circonstance la conduite d'un lâche ; lui que, trois semaines auparavant, le
journal *le Constitutionnel* annonçait devoir charger l'ennemi à la tête d'un régiment pour chercher la mort, il
n'a su faire usage de son épée que pour la rendre igno-
minieusement au roi de Prusse ; et c'est à juste titre

(1) Art. 209. « Est puni de mort, avec dégradation militaire,
« tout gouverneur ou commandant qui, mis en jugement après
« avis d'un conseil d'enquête, est reconnu coupable d'avoir capi-
« tulé avec l'ennemi et rendu la place qui lui était confiée sans
« avoir épuisé tous les moyens de défense dont il disposait, et
« sans avoir fait tout ce que prescrivaient le devoir et l'hon-
« neur. »

Art. 210. « Tout général, tout commandant d'une troupe armée,
« qui capitule en rase campagne, est puni :

« 1° De la peine de mort avec dégradation militaire, si la ca-
« pitulation a eu pour résultat de faire poser les armes à sa
« troupe, ou si, avant de traiter verbalement ou par écrit, il n'a
« pas fait tout ce que lui prescrivaient le devoir et l'honneur ;

« 2° De la destitution dans les autres cas. »

qu'on l'appelle désormais l'homme de Sedan. Toutefois, pour qu'il soit sous le coup des dispositions de la loi militaire, il faut qu'il ait été le chef militaire de l'armée qui a été sacrifiée : c'est là le point qui reste à éclaircir. Il y aura donc à rechercher si le maréchal Mac Mahon, puis le général Wimpffen, signataire de la capitulation, ont été de véritables commandants en chef, libres dans leurs déterminations, et ne recevant que de simples avis du monarque qui se trouvait au milieu de l'armée, ou si, au contraire, recevant de lui des ordres auxquels ils étaient ou se croyaient tenus d'obéir, ils n'avaient que le titre et l'apparence du commandement. Dans la première hypothèse, la défaite et la capitulation ne seraient à la charge de l'ex-empereur que comme résultats de sa funeste politique, comme engageant sa responsabilité constitutionnelle. Dans l'autre hypothèse, qui paraît de beaucoup la plus probable d'après ce que l'on sait jusqu'à présent, la loi militaire ne doit pas rester une lettre morte à l'égard de l'indigne monarque qui aurait ainsi conservé, jusqu'au dernier moment, ce suprême commandement militaire dont il s'était ostensiblement dessaisi après les premiers revers. Étant donnée, la probabilité d'un crime militaire commis par cet homme qui en a commis tant d'autres, c'est un conseil de guerre qui doit être appelé à statuer : seulement la composition du conseil, pour un tel jugement, doit être déterminée par un acte législatif spécial, parce que le code de justice militaire règle la composition des tribunaux de ce genre en raison du grade des accusés, et que ses prévisions s'arrêtent aux maréchaux de France. S'il re-

connaît la culpabilité, le conseil de guerre devra naturellement prononcer la peine fixée par la loi, c'est-à-
dire la peine de mort, avec dégradation militaire ; mais,
une fois la sentence rendue, il serait désirable qu'une
commutation fût faite par le gouvernement. Ce n'est pas
que l'abolition de la peine de mort puisse s'étendre jusqu'en matière militaire, du moins d'une manière absolue : une exception douloureuse, mais nécessaire,
semble s'imposer relativement aux crimes commis en
présence de l'ennemi, tel que celui dont il s'agit. Mais
le châtiment suprême est aussi la suprême expiation;
son nom seul appelle la commisération, si coupable que
soit l'homme menacé du dernier supplice ; et le grand
criminel qui s'est appelé Napoléon III doit être inexora-
blement courbé « sous l'exécration de tout le genre hu-
main. »

Il est impossible de s'occuper de responsabilité pénale à propos de Louis Napoléon Bonaparte, sans que le
souvenir du 2 décembre 1851 s'impose à l'esprit. Il n'y
eut pas seulement alors un grand crime politique, il y
eut aussi une foule de crimes de droit commun qui ne
sauraient être confondus avec lui. Quel autre nom, en
effet, pourrait-on donner, entre tant d'actes coupables, à
la boucherie du boulevard Montmartre pratiquée sur
une foule inoffensive, aux proscriptions innombrables
effectuées sans ombre de justice et de légalité au moyen
des commissions mixtes? Et comment admettre que
tant de méfaits restent impunis ?

Ils doivent l'être cependant, en ce sens du moins que
leur principal auteur et ses complices sont désormais à

l’abri du châtiment légal. La nation, hélas ! a accepté et ratifié le coup d’état de décembre. Cette acceptation s’est traduite, non pas seulement par des scrutins plébiscitaires sur la validité desquels il y aurait beaucoup à dire, mais surtout par dix-huit années de patience. Ce sera l’une des grandes tristesses de notre histoire, que le second empire bonapartiste ait eu pour lui, dans la nation, une majorité qui, pour avoir ensuite largement décru, n’en a pas moins été très-grande pendant les premières années. Une telle approbation n’a pas pu changer la nature des choses et faire que le crime commis en décembre 1851 cessât d’être un crime ; mais le crime ainsi approuvé a cessé d’être punissable, parce que la nation a donné à son auteur un bill d’indemnité. Le crime politique est donc aujourd’hui couvert par la volonté nationale. Quant aux crimes de droit commun qui lui ont fait cortége, ils le sont par la prescription ; et l’on est ici en présence d’une disposition formelle de la loi, qui est écrite dans l’article 637 du Code d’instruction criminelle. En vertu de cet article, l’action publique, et même l’action civile résultant de tout fait qualifié crime par la loi, sont prescrites après dix années révolues à compter du jour où le crime a été commis, si dans cet intervalle, il n’a été fait aucun acte d’instruction ni de poursuite. Tel est bien ici le cas, puisqu’il s’agit de faits qui remontent à plus de dix-huit ans. Les termes de la loi sont absolus et ne comportent aucune restriction. Ce serait dès lors agir en dehors de la légalité, à l’instar de l’homme de décembre, que de le mettre en jugement, lui et ses complices, pour les mé-

faits par lesquels il a inauguré le régime sauveur que
l'on sait.

Etait-ce une tâche de pure curiosité juridique que de
rechercher et de préciser la responsabilité ou, pour
mieux dire, les responsabilités multiples encourues par
Louis-Napoléon Bonaparte pendant son règne et par ses
ministres ? La démonstration faite dans les pages qui
précèdent doit-elle rester vaine, ou n'appelle-t-elle pas,
au contraire, la mise en œuvre des résultats qu'elle a
fournis ?

En ce qui touche les responsabilités de droit commun, nulle objection n'est à prévoir contre leur mise
en action. Il suffit d'avoir établi que rien n'y fait obstacle, pour que les règles de la loi pénale ordinaire, de la
loi militaire et de la loi civile doivent être appliquées à ces hommes qui ont fait tant de mal à la France.
Mais, relativement à la responsabilité constitutionnelle
pénale des gouvernants du régime déchu, il faut s'at-
tendre à des résistances plus ou moins généreuses et
désintéressées. L'application de cette responsabilité ne
ferait-elle pas double emploi avec celle de la responsabilité politique qui a trouvé déjà sa réalisation dans la
perte du pouvoir ? Frapper des hommes à terre est-il
digne de la nation française ? La France, d'ailleurs, a
tant d'œuvres urgentes à accomplir ! Il faut qu'elle se

retrouve elle-même, qu'elle panse ses blessures, qu'elle se reconstitue, qu'elle travaille à réparer les pertes de toute nature qu'elle a faites. L'Assemblée nationale et le nouveau pouvoir exécutif auront une tâche assez vaste et assez difficile pour qu'il ne convienne pas de l'agrandir et de la compliquer encore par un procès politique aux proportions inouïes. Le pays a besoin de tranquillité, d'union, de concorde : il faut donc éviter tout ce qui peut le diviser, il faut ne point raviver des plaies qui commencent à se cicatriser. L'histoire fera la part de chacun dans les événements heureux ou malheureux du règne qui a fini le 4 septembre 1870. Si des fautes ont été commises, elle les constatera et distribuera à leurs auteurs le blâme par eux mérité. N'est-ce point assez d'un tel châtiment pour le monarque qui, dans une circonstance solennelle, déclarait prendre pour juges Dieu, sa conscience et la postérité ?

Il est inutile de signaler les secrets mobiles qui pourraient faire tenir un pareil langage ; et il y a des raisons décisives pour ne pas s'y arrêter.

La justice est un besoin pour l'homme, et un besoin tellement impérieux qu'il conduit parfois à des excès comme ceux de la *loi du lynch*, lorsque satisfaction ne lui est pas donnée. Après les désastres causés par l'Empire, ce besoin existe chez la nation française. Il réclame une satisfaction dont la légitimité et la légalité parfaite viennent d'être établies. Il faut donc que cette satisfaction lui soit donnée. Ce n'est pas d'ailleurs faire œuvre de générosité, mais œuvre de faiblesse, que d'accorder l'impunité à des coupables ; et le châtiment ne saurait

être taxé d'excessif quand il reste dans les limites que
lui tracent à la fois l'idée de justice et la nécessité de la
préservation sociale. Il ne s'agit pas ici d'une proscrip-
tion, il ne s'agit pas de frapper des adversaires politiques vaincus et désarmés, mais bien de juger des
hommes contre lesquels s'élèvent des présomptions
accablantes de culpabilité, et, après les avoir reconnus
coupables, de leur appliquer un châtiment mérité. Il
faut songer que ces hommes, nuisibles dans le passé,
pourraient être nuisibles encore dans l'avenir : il faut
donc les mettre dans l'impuissance de nuire de nouveau
à la nation. Le caractère afflictif du châtiment n'a même
ici qu'une importance secondaire : après la condamnation, ceux des coupables qui se seront soustraits par la
fuite à l'exécution des peines prononcées contre eux
pourront jouir sur la terre étrangère des satisfactions
matérielles de la vie sans que la nation s'en inquiète.
Mais il serait vraiment intolérable qu'après un exil
volontaire de quelques mois ou de quelques années ces
mêmes hommes, n'ayant point été jugés et déclarés in-
nocents, pussent rentrer tranquillement en France,
reprendre l'exercice de leurs droits politiques et insulter
à la conscience publique par leur impunité.

Abstraction faite du châtiment à infliger aux coupables, une considération plus haute et plus urgente encore, s'il est possible, exige que leur procès soit fait. Si
l'on veut dresser le bilan du second empire de manière
à ne pas laisser place au doute et aux équivoques, si
l'on veut que la lumière soit faite sur ce triste régime de
telle façon que tous les citoyens soient prémunis contre

les apologies mensongères, un débat solennel dans le
sein de la représentation nationale est nécessaire. Les
quelques séances que l'Assemblée y consacrera ne seront
certes pas du temps perdu, et il pourra en sortir plus
d'un enseignement précieux pour l'élaboration de la
Constitution nouvelle que la France doit se donner. Le
jugement qui en sortira, loin de faire double emploi
avec celui de l'histoire, aura servi à le préparer en met-
tant au jour, sous le double contrôle de la contradiction
et de la publicité, les faits et les documents. Ayant tant
souffert, que la France tire au moins de ses malheurs le
profit de l'expérience, et que le passé serve de leçon
pour l'avenir !

Au moment de clore ces pages écrites au milieu de
patriotiques angoisses, nous trouvons l'idée que nous
venons d'indiquer en dernier lieu éloquemment exprimée par un homme qui est à la fois un patriote éprouvé
et un éminent historien, et qui, nous l'espérons, va
être appelé à siéger dans l'Assemblée souveraine. C'est
pour nous une bonne fortune que de pouvoir terminer
en empruntant au journal *le Siècle* (1) les lignes sui-
vantes, qui forment la conclusion de l'appel adressé par
M. Henri Martin à tous les Français dans le cœur desquels brûle la flamme du patriotisme :

« Nous aurons à régler un compte d'une autre nature,
« un compte terrible, le compte des hommes de malé-
« diction des mains desquels la France en ruine est
« tombée dans les mains du Gouvernement de la dé-

.(1) Numéro du 7 février 1871.

« fense nationale. Il y a là un devoir commun et absolu,
« qui incombe au même degré à tous les hommes poli-
« tiques qui vont être ou qui peuvent être appelés à la
« représentation nationale, et, avec eux, à tous les ci-
« toyens.... — Oui, il leur incombe à tous un même
« devoir : celui de sonder, jusque dans les dernières
« profondeurs, l'abîme de corruption et de démence où
« l'Empire nous a précipités ; celui de traduire à la barre
« de la France, avec l'homme de Sedan, ses principaux
« complices, ses ministres et ses généraux, l'homme qui
« a livré l'armée de Metz, l'homme qui a envoyé à Sedan
« l'armée de Châlons qui, ramenée à Paris, unie aux
« Parisiens, eût sauvé Paris et la France. Il faut que le
« plus ignorant des Français apprenne à connaître ceux
« qui ont perdu la France, pour que la France, lavée de
« leurs souillures par le sang de ses martyrs, puisse se
« relever en leur jetant l'anathème. — Il faut un arrêt
« solennel qui retentisse à jamais dans la postérité. Là
« est le terrain sur lequel doit s'accomplir l'union de
« tous les honnêtes gens. Le salut de la France est à ce
« prix. »

Paris, 8 février 1871.

FIN

TABLE DES MATIÈRES

FIN DE LA TABLE DES MATIÈRES.

Paris. — Typ. A. Parent rue Monsieur-le Prince, 31